PĂGÂNISMUL DIN CREȘTINISMUL NOSTRU

Arthur Weigall

Editura Infarom

Craiova, 2017

INFAROM
office@infarom.ro
http://www.infarom.ro

ISBN 978-973-1991-81-8

Editura: **INFAROM**
Autor: **Arthur Weigall**
Traducător: **Nicolescu Răzvan Alexandru**

> Descrierea CIP a Bibliotecii Naționale a României
> WEIGALL, ARTHUR
>   **Păgânismul din creștinismul nostru** / Arthur Weigall ;
> trad. de Răzvan Alexandru Nicolescu. - Craiova : Infarom,
> 2017
>   ISBN 978-973-1991-81-8
>
> I. Nicolescu, Răzvan Alexandru (trad.)
>
> 2

Titlul original: *The Paganism in Our Christianity* (1928)

Copyright © INFAROM 2017

Acest material este sub incidența copyright-ului. Toate drepturile asupra lucrării sunt rezervate, atât parțial cât și în ansamblul ei, în special drepturile de traducere, copiere, citare, înregistrare, reproducere pe microfilm sau pe orice alt suport, precum și stocare în baze de date. Reproducerea acestei publicații sau a părților ei este permisă numai cu respectarea Legii dreptului de autor și cu acceptul scris al editurii INFAROM.

Cuprins:

Prefaţă. 5
CAPITOLUL I. Nevoia unei reformulări a teologiei creştine. 7
CAPITOLUL II. Întrebarea cu privire la existenţa lui Isus. 12
CAPITOLUL III. Alcătuirea Noului Testament. 17
CAPITOLUL IV. Naşterea din fecioară. 22
CAPITOLUL V. Începutul vieţii şi activitatea propovăduitoare a lui Isus. 28
CAPITOLUL VI. Întâmplările miraculoase. 34
CAPITOLUL VII. Crucificarea şi jertfa de tip Baraba. 39
CAPITOLUL VIII. Alte caracteristici ale crucificării. 46
CAPITOLUL IX. Învierea. 51
CAPITOLUL X. Înălţarea şi mesianismul. 57
CAPITOLUL XI. Influenţa lui Adonis şi a altor zei păgâni. 63
CAPITOLUL XII. Influenţa exercitată de Isis şi Osiris. 68
CAPITOLUL XIII. Influenţa lui Mitra. 73
CAPITOLUL XIV. Originea împărtăşaniei. 79
CAPITOLUL XV. Originea ideii de ispăşire a păcatelor. 86
CAPITOLUL XVI. Dezvoltarea doctrinei ispăşirii păcatelor. 91
CAPITOLUL XVII. Divinitatea lui Isus. 96
CAPITOLUL XVIII. Sfânta Treime. 103
CAPITOLUL XIX. Isus în istorie. 108
CAPITOLUL XX. Transformarea creştinismului în religie de stat. 114
CAPITOLUL XXI. Respectarea zilei de duminică. 121
CAPITOLUL XXII. Originea Bobotezei. 127
CAPITOLUL XXIII. Originea Crăciunului şi a altor comemorări. 133
CAPITOLUL XXIV. Interpretarea greşită a creştinismului. 139
Notele traducătorului. 147

Prefață

În cadrul acestei lucrări, Arthur Weigall analizează formarea și evoluția religiei creștine. Creștinismul ar trebui să se bazeze, în opinia sa, pe învățăturile lui Isus Cristos și nu pe alte surse. În ceea ce privește evoluția acestei religii, sunt vizate în principal primele secole după Cristos. Weigall realizează o analiză succintă a religiilor care au precedat religia creștină, în urma căreia ajunge la originea multor elemente din cadrul acesteia. În urma acestui studiu devine evident faptul că religia creștină a înglobat în actul formării multe elemente din religiile păgâne. Acest lucru a fost necesar pentru a aduce noi adepți din singurul bazin disponibil, acela al popoarelor păgâne. De exemplu, sărbătoarea păgână ocazionată de echinocțiul de primăvară a fost transformată în sărbătoarea *Bunei Vestiri* (25 martie); iar sărbătorile ținute la jumătatea verii de popoarele germanice, cunoscutea sub numele de *Litha* (după cum consemnează Beda în *De temporum ratione*), au fost adoptate de creștinism și asociate cu nașterea Sfântului Ioan Botezătorul (24 iunie), dată care a fost situată cu exact șase luni înaintea Crăciunului (Luca I, 26; I, 36). Lucrarea conține multe astfel de exemple. Formarea noii religii a continuat prin interacțiunea cu păgânii. Aceștia au adus în noua credință elementele propriilor religii păgâne. În anumite cazuri vechiul păgânism continuă să existe în paralel cu religia oficială până în zilele noastre și creștinismul a căpătat o puternică tentă locală. Un exemplu viu al acestui fapt este cel furnizat de statuia Maicii Domnului *de culoare* (Sfânta ocrotitoare a insulelor Canare), care se găsește în catedrala orașului Candelaria, din insula Tenerife (Spania). Această carte ar trebui să fie citită de orice creștin interesat, precum și de aceia care studiază istoria religiilor.

„*Cunoaște ce ai înaintea ochilor și ce este ascuns ți se va arăta ție, căci nu-i nimic ascuns care să nu iasă la lumină.*" (Evanghelia după Sf. Toma, 5)

Răzvan Alexandru Nicolescu

CAPITOLUL I

Nevoia unei reformulări a teologiei creştine

Freamătul recent stârnit în cadrul Bisericii anglicane[n1] de controversa vizând unele modificări ale Cărţii de rugăciune a avut reverberaţii în toată lumea creştină. Interesul în privinţa întrebărilor care s-au ivit este evident chiar şi în teritoriile britanice[n2] şi în cercurile Bisericii Episcopale din Statele Unite ale Americii, cu toate că acesta nu are intensitatea din Anglia. Laicii din Anglia, în general indiferenţi la chestiunile de ordin ecleziastic, au realizat subit în lumina acestor disensiuni lupta acerbă dintre Biserica Simplă[n3] şi Biserica Sacerdotală[n4], sau dintre Protestanţi şi Anglo-Catolici, după cum sunt denumite în mod obişnuit cele două facţiuni. Pentru mireanul nepărtinitor, cu excepţia cazului în care obişnuieşte să meargă regulat la biserică, s-a dovedit a nu fi deloc uşor să stabilească cine insultă mai puternic inteligenţa sa de tip laic: "fundamentalistul" protestant bigot, sau adeptul straniu şi subversiv al Sacramentelor. Astfel, cât priveşte această dilemă, acesta a urmărit mai degrabă să apere caracterul naţional al Bisericii. Pentru a realiza acest lucru s-a văzut implicat în atacul rânduielilor considerate de tip romano-catolic, pentru că englezul obişnuit a fost învăţat, după cum a afirmat eminentul profesor George Santayana[1], că orice călătorie spirituală către Roma echivalează cu renunţarea la naţionalitatea engleză.

Biserica anglicană este o instituţie a statului. Deşi o mare parte a naţiunii este nonconformistă, această biserică de stat trebuie sa ţină o slujbă religioasă şi să furnizeze o doctrină adecvată temperamentului poporului englez luat în ansamblu, permiţând totuşi libertatea de opinie necesară în cazul unui popor cu origini eterogene şi mentalităţi variate. După cum a fost exprimat clar în Parlament şi în alte locuri,

---

[1] G. Santayana, *Soliloquies in England*.

încă de pe vremea Reformei[n5] dorinţa principală a laicului englez a fost să împiedice trecerea acestei instituţii naţionale sub influenţa unui cler care nu reprezintă în întregime opinia tradiţională a poporului englez. I s-a răspuns, desigur, că influenţa laicilor în chestiunile bisericii va conduce la separarea bisericii de stat, la eliberarea cailor clerului din frâul laic. Nici această ameninţare nu a fost întâmpinată cu nelinişte, întrucât este clar că separarea bisericii de stat fără acordul Parlamentului, poate fi efectuată doar dacă preoţimea renunţă la vechile catedrale şi construieşte noi lăcaşuri de cult, având în vedere că edificiile istorice sunt monumente naţionale care aparţin poporului englez şi sunt prea dragi lor pentru a fi predate unei facţiuni minoritare.

În Anglia, de altfel, laicul controlează situaţia bisericii, iar atunci când îşi foloseşte autoritatea, este preocupat în principal de caracterul naţional al bisericii de stat şi acordă puţină atenţie altor aspecte. Întreaga luptă în plan doctrinar este relativ neimportantă, fiind umbrită de realitatea mult mai importantă a indiferenţei în creştere a oamenilor instruiţi, pretutindeni în lume, în ceea ce priveşte chiar mersul la biserică. Din multe părţi se spune că dogmele creştine nu mai pot fi acceptate de mintea modernă, că există un fir al absurdului care traversează urzeala credinţei creştine, astfel încât laicul inteligent trebuie neapărat să-şi realizeze propria ţesătură religioasă. Cartea de rugăciune din Anglia nu este singura ţintă a criticilor. Criticile vizează întregul sistem al teologiei creştine şi modul în care acesta este aplicat de diferitele biserici şi secte din lumea întreagă. Deşi astfel de chestiuni, care au agitat cu atâta violenţă Biserica anglicană în ultimul timp, constituie o preocupare reală pentru englezii care merg la biserică şi pentru cei care, deşi nu merg la biserică, sunt preocupaţi de acţiunile acesteia în calitate de instituţie naţională, adevărata problemă a zilei de astăzi nu este una locală, sau lipsită de importanţă şi este semnalată în lumea creştină, indiferent de confesiune. Toţi se întreabă dacă nu cumva întregul crez este depăşit. Este larg răspândită temerea că religia creştină nu va rezista în faţa temutului tribunal al raţiunii moderne. Probabil aceasta este cauza pentru care laicul englez se fereşte de cercetarea prea riguroasă a chestiunilor teologice implicate în disputa marcată privind cartea anglicană de rugăciune şi se limitează la o împotrivire oarbă, într-o oarecare măsură, în ceea ce priveşte reinstituirea oricărei rânduieli străine care a fost respinsă de Reformă.

În următoarele capitole intenţionez să aduc la lumină această frică ascunsă. În calitate de englez, scriu, desigur, în principal cu gândul la Biserica anglicană şi la sora sa geamănă, Biserica episcopală din Statele Unite. Trebuie să admit o idee preconcepută în favoarea Bisericii anglicane, datorată faptului că tatăl meu vitreg, bunicul meu, un unchi şi mai mulţi veri de-ai mei sunt membri ai clerului. Freamătul actual din cercurile anglicane nu prilejuieşte controverse într-o singură ţară. Controversele sunt rezultatul gândirii moderne din multe ţări şi din rândul unor persoane ce aparţin multor confesiuni. Vreau să supun unei critici de tip laic teologia creştină de toate tipurile, aşa încât mintea de tip laic să fie ajutată în formarea unei opinii cu privire la valoarea, sau la lipsa de valoare a Credinţei. Întrebarea dacă anumite practici ale Bisericii anglicane sunt, sau nu de tip „roman" prezintă doar interes local şi de moment. Importanţa reală se găseşte în întrebarea dacă teologia creştină, în general, poate să primească aprobarea minţilor secolului al XX-lea, sau nu.

Este momentul să-mi exprim părerea în ceea ce priveşte această chestiune, aşa încât să se întrevadă tendinţa argumentării mele. Cred că teologia creştină este parţial acceptabilă şi parţial total inacceptabilă pentru mintea modernă. Dogmele şi credinţele sale care au autoritatea lui Isus Cristos sunt eterne şi incontestabile, însă acelea care se bazează pe interpretările primilor creştini cu privire la natura şi misiunea Domnului, nu pot fi susţinute în mare măsură. Cred că o mare parte din doctrina creştină, îndeobşte acceptată, provine din surse păgâne, nu de la Isus Cristos. Foarte mult din Biserica creştină reprezintă, fără îndoială, un păgânism rearanjat şi s-ar putea afirma că reprezintă ultima fortăreaţă a vechilor zei păgâni. Cred că venerarea acestor zei antici nu a încetat niciodată şi cred că în locurile creştine de închinăciune perpetuăm fără să vrem şi recităm solemn miturile popoarelor păgâne. Isus cel real, spre deosebire de Isus cel din teologie, rămâne „calea, adevărul şi viaţa". Sunt convins că doar o concentrare asupra figurii istorice a Domnului nostru şi asupra învăţăturilor Sale poate inspira, în acest secol XX, adeziune înflăcărată şi implicare, de tipul celor care în vremurile trecute puteau fi obţinute de la laicului obişnuit prin dogme teologice, ameninţarea iadului şi înfăptuirea unor ritualuri şi ceremonii elaborate. Aş putea fi acuzat de o încercare de subminare a credinţei celor care cred, având în vedere că spun aceste lucruri. Din contră, intenţia mea este aceea de a clădi treptat credinţa celor care nu cred.

Curentul subteran larg răspândit al criticilor lipsite de bază solidă care acţionează în prezent în interiorul creştinismului este extrem de periculos pentru viaţa spirituală a lumii civilizate şi este clară nevoia urgentă a unei reformulări teologice a Credinţei. Controversa privind Cartea (anglicană) de rugăciune a clarificat situaţia concepţiei religioase în Anglia. Deşi această dispută priveşte un singur aspect al problemei mai ample, este instructivă înţelegerea situaţiei pe care o relevă. În general, bisericile părţilor episcopale moderate îşi pierd treptat din membri, cu excepţia cazurilor în care preotul paroh atrage prin el însuşi sau prin practica sa religioasă. Anglo-catolicii reuşesc într-o oarecare măsură să insufle viaţă în bisericile lor, punând accent pe elementele de ritual şi pe sacramentele din cultul lor, pe culoare, pe succesiunea întâmplărilor dramatice, mister şi evlavie, elemente care lipsesc în mod deliberat din slujbele de rit protestant. Procedând astfel, ei evocă principii păgâne şi reanimează credinţe care pot stimula fervoarea religioasă doar temporar, pentru că astfel de credinţe nu rezistă atacului de tip intelectual al criticii moderne. Totuşi, partea anglo-catolică înregistrează în continuare un real succes în stăvilirea îndepărtării credincioşilor de Biserică. Reformele propuse care vizează Cartea de rugăciune au fost alcătuite în aşa fel încât să confere legitimitate anumitor ritualuri şi ceremonii, limitând în acelaşi timp tendinţele de apropiere de romano-catolici. Acest lucru a suscitat opoziţia protestanţilor, care nu au nimic surprinzător de oferit laicilor pentru a-i îndemna să participe la slujbe şi se pot baza doar pe practicile și credințele Reformei, multe dintre care sunt complet nepotrivite pentru mintea modernă.

Între timp, tot mai mulți din rândul clerului intelectual și al laicilor simt că loialitatea față de Biserică este prea scump de menținut, fie din cauza menținerii credințelor protestante învechite, fie prin introducerea de doctrine și ritualuri catolice care, deși exercită un farmec sensibil, prezintă o ortodoxie îndoielnică, au origini păgâne, iar acest lucru poate fi observat de orice cercetător serios. Acești oameni realizează faptul că, indiferent care dintre facțiuni are succes în disputa din prezent, viața viitoare a bisericii și chiar a creștinismului însuși depinde de un singur lucru și anume de îndepărtarea învățăturilor care nu poartă adevărata autoritate a lui Isus Cristos și care nu prezintă acea înțelepciune care-L face cu adevărat oportun în zilele noastre.

Problema engleză, în sens local, se unește în acest punct cu controversa mai largă. Dacă ceea ce predică religia creștină și acțiunile care au loc în cadrul său, de la un capăt la celălalt al lumii, sunt în acord cu gândirea modernă, sunt credibile, pot fi acceptate de mințile analitice din prezent și au autoritatea Fondatorului credinței, atunci nu sunt probleme. Însă, dacă aceste lucruri nu sunt credibile, nu atrag mintea modernă și nu se bazează pe învățăturile autentice ale Domnului, atunci tot ritualismul și toate sacramentele, pe de-o parte și toată fervoarea bisericii episcopale, pe de cealaltă, nu vor stăvili scăderea treptată a devotamentului față de biserică, iar creștinismul are, în consecință, soarta pecetluită.

Intelectualul creștin al secolului al XX-lea dorește o rescriere completă a crezului și înlăturarea tuturor elementelor care pot atrage religiei sale acuzația că reprezintă o reabilitare a păgânismului. Vechii zei înlăturați de Isus s-au strecurat înapoi și și-au consolidat poziția, ca să spun așa, încă o dată. Având în vedere că templele le-au fost distruse și altarele le-au fost părăsite, au venit în biserică, unde pot fi găsiți astăzi, primind, sub alte nume, venerarea care le este negată sub formele lor străvechi. Este nevoie de măsuri drastice pentru a salva persoana sublimă a Domnului nostru din mijlocul acestei companii pestrițe și pentru a elibera doctrina autentică de o teologie și de o mentalitate religioasă demne de păgânii primitivi. Vechii zei au intrat în biserică și având în vedere că prezența lor a fost descoperită în cele din urmă, curând va veni ziua în care fie aceștia, fie credincioșii vor trebui să plece.

CAPITOLUL II

Întrebarea cu privire la existența lui Isus

În cadrul examinării deschise și imparțiale pe care intenționez să o realizez cu privire la teologia creștină și la obiceiurile din Credința noastră, va trebui să cercetez unele dogme și credințe al căror adevăr este considerat indiscutabil de ortodoxi, iar celor care nu sunt familiarizați cu critica teologică, cu studiul Bibliei, acest lucru poate să le pară o încercare de distrugere a întregii structuri a creștinismului. Intenția mea, totuși, după cum am mai spus, reprezintă exact opusul. Există o școală critică cu o largă răspândire care, fiindcă vede doar vechii zei grupați în jurul altarului creștin, consideră că Isus nu a existat și că viața Lui constituie un mit inventat în secol I, d.Hr.. Cu această școală puternică doresc să mă înfrunt.

Apărarea unei poziții care nu se poate susține nu are rost și, prin urmare, primul lucru care trebuie făcut este părăsirea teritoriului care nu mai poate fi apărat. Se va observa treptat că atunci când abandonez anumite credințe care rezistă de secole, scopul meu este acela de a prezenta o linie creștină care se va dovedi inexpugnabilă. Se poate afirma cu valoare de axiomă faptul că tipul dovezilor de care era nevoie pentru a convinge omul din secolul I, d.Hr., de caracterul divin al lui Isus, este chiar tipul de dovezi care are efectul opus asupra minții omului din secolul al XX-lea. Este evident, de aceea, că obligația cărturarului creștin de astăzi este aceea de a elimina din povestea vieții Domnului tot ceea ce este incredibil și tot ceea ce este incompatibil cu inteligența modernă. Acesta trebuie să restabilească, în măsura în care este posibil, adevăratele întâmplări și simplitatea crezului bazat pe ele.

Este esențial ca religia creștină să poată răspunde celor mai înalte cerințe intelectuale ale timpurilor moderne. Astfel, reținerea de la critica liberă pentru a nu fi considerat eretic sau hulitor, ar constitui o formă grosolană de superstiție. Un apărător îndrăzneț al Credinței[2] a afirmat pe bună dreptate că, în prezent, credința și cunoașterea religioasă nu mai sunt dobândite prin credința în supranatural și nu mai sunt validate de aceasta. În timp ce gânditorii din secolul I, d.Hr., își exprimau cele mai înalte gânduri în baza elementului miraculos, noi, cei de astăzi, le exprimăm pe ale noastre prin ceea ce este natural și rațional.

Dacă învățăturile și faptele lui Isus Cristos, care reprezintă după părerea mea singura speranță a lumii, sunt aduse pe deplin în ajutorul spiritual al bărbaților și femeilor din lumea modernă, acestea nu trebuie fixate în tiparul concepțiilor unor oameni de acum 1800, sau 1900 de ani. Trebuie să-L eliberăm pe Cristos, cel istoric, din îngrădirea interpretărilor teologice timpurii, pentru că El este etern, pe când dogmele Bisericii creștine, nu. Revelația lui Dumnezeu este progresivă și niciun gânditor inteligent de astăzi nu poate fi de acord în întregime cu interpretările conferite vieții și morții lui Isus de către aceia care au trăit la scurt timp după El, adică într-o perioadă în care cel mai grozav nonsens mitologic era acceptat de bunăvoie de toți drept fapt real. Dacă acceptăm mărturia mai curând nesigură a celei de-a IV-a evanghelii, Isus Însuși a spus: "Mai am să vă spun multe lucruri, dar acum nu le puteți purta. Când va veni El, Duhul adevărului, are să vă călăuzească în tot adevărul"[3]. Aceste vorbe pot însemna că înțelegerea Sa nu era pentru oamenii din zilele Sale. Și poate că nu este nici pentru

---

[2] Shirley Jackson Case, *The Historicity of Jesus*.
[3] Ioan XVI. 12.

noi. Noi, cel puțin, ne putem îndepărta vălul antic de pe ochi și putem încerca să-L vedem pe El, Cel Etern, în aspectul Său actual, ca Domn (și) al secolului al XX-lea.

Însă Isus, cel comprimat în teologia creștină, nu poate aparține timpurilor moderne: El este învechit, este produsul primelor secole d.Hr., când oamenii credeau în Olimp și scăldau altarele în sângele victimelor sacrificiale. Muzica antică Îl reprezintă ca pe un fulger și concepția primitivă a supranaturalului tună în răspuns poruncilor Sale. Merge pe apă, este ascultat de vijelii, transformă apa în vin, usucă smochinul, înmulțește pâinile și peștii, reînvie morții. Nașterea Sa a fost vestită prin semne și minuni, o stea a apărut la Est, oștile îngerilor au cântat în ceruri, norii s-au risipit la botezul Său și vocea lui Dumnezeu a răsunat deasupra lumii. În timp ce la crucificarea Sa, întunericul a învăluit soarele, pământul s-a cutremurat și morții au ieșit din morminte. Toate aceste minuni Îl făceau Dumnezeu întrupat în ochii gânditorilor din secolul I, d.Hr.. Toate aceste minuni Îl fac un mit convențional în ochii celor din secolul al XX-lea.

Mulți dintre criticii cei mai erudiți sunt convinși că o astfel de persoană nu a trăit niciodată. Argumentul lor se bazează în primul rând pe faptul că mitologia antică este plină de povești despre zei întrupați care au suferit pentru omenire, care au murit, au fost îngropați, au coborât în iad, au înviat din morți și au salvat credincioșii cu sângele lor izbăvitor. Ei indică faptul că multe dintre întâmplările care au fost consemnate din viața lui Isus, au corespondent în mitologia păgână sau în Iudaismul timpuriu. Chiar relatarea crucificării pare să provină[4] dintr-o istorisire anterioară, privind moartea unui anume Isus ben Pandira[n6] care fusese omorât și spânzurat de un pom în ajunul Paștelui evreiesc, în timpul domniei lui Alexander Jannaeus[n7], care a trăit cu aproximativ o sută de ani înainte de Cristos[5].

Este sugerat faptul că există probe care atestă cultul unui rege-soare, denumit Iosua sau Isus, în perioada primitivă. Cei 12 ucenici ai săi reprezentau cele 12 zodii ale zodiacului. Isus și cei 12 apostoli ai Săi

---

[4] W.B.Smith, *Der Vorchristliche Jesus*; Drews, *The Christ Myth*.
[5] Acest Isus este menționat în *Talmud, Sanhedrin*, 107 b; Sota, 47A.

s-au dus la Ierusalim pentru a mânca mielul cu ocazia Paștelui evreiesc, Iosua a traversat Iordanul cu cele 12 ajutoare ale sale și a sacrificat mielul pe celălalt mal, iar grecul Iason, un nume identic[6], a plecat în căutarea lânii de aur a mielului împreună cu cei 12 însoțitori ai săi.

Se arată că nu există referiri la Isus în istorie, contemporane sau aproape contemporane cu Acesta, cu excepția celor din Epistolele lui Petru și Pavel, în care, totuși, viața Lui pe pământ aproape că nu este menționată deloc și nu apare nici orice alt element care să-i poată conferi atestare istorică. Nici Justus din Tiberias, un istoric născut în Galileea la numai câțiva ani după moartea lui Isus, care a scris cronicile regilor evreilor, nu face nicio referire la Domnul nostru. Lucrările lui Justus au fost pierdute, dar ele au fost citite de Photius[n8], patriarhul Constantinopolului, în secolul al IX-lea. Acesta din urmă și-a exprimat surpriza atunci când nu a găsit în ele nicio referire la Isus. Pliniu cel Bătrân[n9] în celebra sa *Historia Naturalis*, alcătuită la 30 sau 40 de ani după presupusa moarte a lui Isus, nu face nicio referire la niciuna dintre minunile descrise în evanghelii și totuși iubea miraculosul și consemna orice întâmplare de acest tip despre care se întâmpla să audă, sau despre care citise în cele 2000 de volume pe care declară că le-a consultat.

Tacit[n10], care a scris înainte de anul 115 d.Hr., face referire la Domnul nostru și spune că El a fost omorât de Pilat din Pont[n11] în timpul domniei lui Tiberius[n12], însă autenticitatea paragrafului a fost pusă la îndoială[7]. Iosephus[n13] în opera sa „Antichități Iudaice"[8], terminată în anul 93, face de două ori referire la Isus, dar paragrafele au fost modificate fără îndoială și mulți critici consideră că reprezintă falsuri. Pliniu cel Tânăr[n14] face referire la primii creștini în scrisoarea sa faimoasă către Traian, scrisă în jurul anului 112, însă și autenticitatea acestui document este uneori pusă la îndoială[9]. Și, în cele din urmă,

---

[6] Josephus, *Antiquities*, 12, V.1.
[7] Hochart, *De l'authenticite' des Annales de Tacite*.
[8] XVIII. LII. 3; XX. LX. 1.
[9] G. Brades, *Jesus, a Myth*, p. 48.

Suetoniu[n15], care a scris în jurul anului 120, menționează de două ori secta[10], spunând că erau instigați de un anume *Chrestus*, dar este ambiguu.

Evangheliile, după cum voi explica în capitolul următor, nu au fost scrise până în ultimul sfert al secolului I și primul sfert al secolului al II-lea. Din această cauză se poate spune despre ele că reprezintă născociri. Personal, totuși, sunt sigur că atunci când vor fi scoase din ele înfloriturile supranaturale și când vor fi analizate, ne vor înfățișa cu autenticitate neîndoielnică figura istorică a unui tânăr, fiu al unui tâmplar, care a colindat prin țară, a predicat și a vindecat bolnavi, care a fost, în cele din urmă, considerat Mesia sau Cristos, de către un mic grup de ucenici, care a fost crucificat, fiind considerat un impostor, și care, după ce a fost dat jos de pe cruce, fiind considerat mort, a fost văzut în viață de multe persoane. Pe cât de scurt a fost ministeriatul Său și considerând caracterul insuficient și denaturat al relatărilor privind acest lucru care au ajuns până la noi, natura lui Isus iese în evidență, drept cea mai aproape de divinitate din întreaga istorie, în timp ce învățăturile Sale, transmise în secolul I, sunt de așa natură încât pot satisface cerințele inteligențelor celor mai înalte și aspirațiile minților celor mai cultivate din secolul al XX-lea.

În jurul acestei figuri istorice s-au adunat, însă, o mulțime de legende păgâne și a fost înălțată o structură teologică măreață. Astăzi, acestea trebuie să fie înlăturate, astfel încât să ne putem întoarce la Isus, cel real și credibil. Trebuie realizat faptul că numărul credincioșilor din biserici scade pentru că oamenii susțin pe bună dreptate că multe dintre dogmele Credinței au fost împrumutate de la păgâni, în timp ce multe detalii ale vieții Domnului nostru sunt prea puțin probabile pentru a putea fi acceptate în zilele noastre. Însă creștinismul nu trebuie să se înspăimânte, pentru că în spatele structurii șubrede a teologiei sale stă figura convingătoare a lui Isus, cel real. El a fost, este și va fi același pentru totdeauna, dacă răzbatem până la El prin cercul vechilor zei care Îl înconjoară.

---

[10] *Claudius*, XXV.; *Nero*, XVI.

CAPITOLUL III

Alcătuirea Noului Testament

Având în vedere că suntem născuți și crescuți în credința creștină, în majoritate, este normal pentru noi să acceptăm Noul Testament drept bază legitimă a religiei și să-l considerăm deasupra criticilor, fără a ne gândi prea mult la acest lucru. Astfel, dacă se întâmplă să fie citate întâmplări sau enunțuri din oricare dintre evanghelii, presupunem că sunt autentice și ne scapă din vedere faptul că prima evanghelie nu a fost alcătuită decât la cel puțin 70 de ani de la nașterea Domnului, în timp ce Noul Testament, considerat în întregime, conține materiale scrise în diverse momente, în decursul unei perioade de timp, probabil, de mai mult de 100 de ani. De aceea, orice astfel de citate ar trebui să fie datate și cercetate la nivel textual, înainte de a fi folosite în scopuri istorice. Niciun cercetător al Bibliei din ziua de astăzi, fie acesta membru al clerului, preot, sau laic, nu acceptă Noului Testament drept autentic în întregime și toți admit faptul că în povestea vieții lui Cristos și în alte chestiuni s-au strecurat multe erori, neînțelegeri și absurdități. Cercetătorii consideră că recunoașterea acestor greșeli nu constituie o erezie și că este prima datorie a creștinului inteligent.

A trecut vremea în care puteam adera la credințe lipsite de o bază istorică solidă și când puteam justifica adeziunea respectivă spunând că Noul Testament reprezintă Cuvântul infailibil al lui Dumnezeu, întrucât răspunsul criticului este simplu: "Cine spune că este?", întrebare la care nu există alt răspuns în afara aceluia că aceasta este convingerea creștină. Dovezile creștine trebuie supuse testului critic obișnuit, așa cum se procedează în general. Nicio credință care nu își poate supune cu încredere documentele pe baza cărora a fost întemeiată unei critici atente și pătrunzătoare, nu merită să fie păstrată.

Permiteți-mi, de aceea, să fac o scurtă recapitulare a rezultatelor muncii cercetătorilor moderni în ceea ce privește perioadele în care au fost scrise cărțile Noului Testament, astfel încât cititorul să poată determina valoarea lor istorică, sau expunerea lor la abateri de la istoria reală, având în vedere timpul scurs între zilele în care a trăit Isus și perioada în care acestea au fost alcătuite[11].

Primele documente creștine care se cunosc sunt Epistolele lui Pavel[n16], care s-ar părea că a murit în jurul anului 64 și a cărui primă epistolă a fost scrisă cu cel puțin 20 ani înainte de această dată, adică, la aproximativ 20 de ani după Crucificare. Unele dintre aceste Epistole nu sunt considerate scrieri autentice ale lui Pavel, dar pozițiile extreme ale lui Bauer[n17] și ale altora în această privință au puțină susținere. Pavel este considerat autorul epistolelor către Galateni, 1 și 2 Corinteni și Romani. Filipeni și 1 Tesaloniceni sunt, probabil, ale sale. Există dubii în privința epistolelor către Coloseni, Efeseni și 2 Tesaloniceni, deși marele critic, Dr. Rashdall[n18], Decan de Carlisle[n19], le acceptă cu unele rezerve[12].

Anumiți critici consideră că 1 Tesaloniceni este cea dintâi Epistolă și o situează în jurul anului 52 (Lightfoot[n20]), sau chiar mai înainte (Harnack[n21]). Totuși, este important să fie observat că nicăieri în Epistole nu se face referire la nicio mărturie în scris cu privire la viața lui Isus și este, de aceea, destul de sigur că pe atunci nu exista nimic scris care să aibă caracteristicile unei evanghelii, lucru care nu este surprinzător, având în vedere că a Doua Venire a Lui și sfârșitul Lumii erau considerate iminente.

Papias[n22], episcopul din Hierapolis[n23], care a scris în jurul anului 140 și care este citat de Eusebiu[13], spune că Marcu, interpretul și

---

[11] În cadrul bibliografiei bogate pe marginea acestui subiect, pot fi menționate următoarele lucrări: Moffatt, *Introduction to the Literature of the New Testament*; Burkitt, *Gospel History and its Transmission*; Loisy, *Les évangiles synoptiques*; Giran, *Jesus of Nazareth*; Articolele din *Enciclopedia Britanică*.

[12] H. Rashdall, *Idea of Atonement*, p. 84, notă.

[13] Eusebiu, *Ecclesiastical History*, III, 39.

ucenicul lui Petru, nu L-a cunoscut personal pe Isus, dar a scris tot ceea ce și-a putut aminti din vorbele și faptele lui Isus, după cum îi fuseseră relatate de Petru. Se spune[14] că acest document a fost scris la scurt timp după moartea lui Petru, care se presupune că a avut loc în jurul anului 64. Opera a fost pierdută în forma primară. Evanghelia după Sf. Matei, așa cum o avem acum, se bazează pe opera respectivă. Se pare că aceasta a căpătat, mai mult sau mai puțin, forma pe care o are acum, între anii 70 și 100, cel mai probabil în jurul anului 90. Ar trebui totuși menționat punctul de vedere care susține că ultime 12 versete (XVI, 9-20) au fost scrise ceva mai târziu, pentru a înlocui încheierea originală, care fusese pierdută.

Cu excepția unor aproximativ 30 de versete, întreaga Evanghelie după Sf. Marcu se regăsește în Evangheliile după Sf. Luca și după Sf. Matei. Ultimele două conțin, de asemenea, material considerat a proveni din o colecție a vorbelor și faptelor Domnului, care nu fusese cunoscută compilatorilor Evangheliei după Sf. Marcu și pe care cercetătorii o numesc acum „Q". La această lucrare pierdută face, probabil, referire și episcopul Papias, atunci când spune că Matei a scris în ebraică anumite vorbe ale lui Isus, pe care fiecare învățător le-a interpretat cum a putut mai bine.

Evanghelia după Sf. Luca, în forma în care o avem, este considerată, în general, a doua în ceea ce privește vechimea, după aceea a Sfântului Marcu. Nu se știe dacă a fost scrisă de Luca, "doctorul iubit", care a lucrat împreună cu Sf. Pavel, fiindcă prima menționare a lui Luca drept autor al său este făcută de către Irineu[n24] în cadrul unei expuneri, în jurul anului 180 d.Hr.. A fost subliniat faptul că autorul acestei evanghelii părea să cunoască lucrarea lui Iosephus, "Antichități Iudaice"[n25], iar în acest caz, cartea nu poate fi anterioară anului 93. Dacă nu este așa, ar putea fi situată cel mai devreme în anul 80, deși criticii o situează, de obicei, în jurul anului 100. În prefața cărții este menționat faptul că existau mai multe relatări scrise ale

---

[14] Irineu, *Against Heresies*, III, 2.

vieții și vorbelor Domnului. Având în vedere că pe atunci speranța unei a Doua Veniri a Lui începuse să pălească, se ivise nevoia consemnării învățăturilor Sale cu privire la datoria omului pe pământ.

Este recunoscut faptul că Evanghelia după Sf. Matei, în forma pe care o are astăzi în Noul Testament, a apărut ulterior celei după Sf. Luca. Primul exemplu cunoscut în care i-a fost atribuit numele lui Matei, apare în cadrul unei referiri a lui Irineu la aceasta (în anul 180). A fost, probabil, compilată anonim, pornind de la lucrarea originală a lui Marcu care a fost pierdută și din colecția de pilde realizată de Matei, alături de alte surse care nu sunt cunoscute. Pe tot parcursul celui de-al II-lea secol se pare că i-au fost aduse completări, dar, cu excepția acestora, opinia comună este că a fost compilată între anii 100 și 110, d.Hr..

Aceste trei evanghelii cunoscute acum drept Evangheliile după Sf. Marcu, Sf. Luca și Sf. Matei, sunt denumite evanghelii sinoptice pentru că se poate considera că prezintă o perspectivă comună asupra subiectului, sau un *sinopsis*. Frumoasa lucrare cunoscută drept Evanghelia după Sf. Ioan se încadrează, însă, în o cu totul altă categorie. Data realizării sale este disputată, unii critici situând-o chiar în anul 100, în timp ce alții o situează tocmai în anul 160. Cea mai recentă opinie o situează undeva în jurul anului 105, după cele ce ne sunt transmise de Eusebius. Cu toate acestea, episcopul Papias, care a scris în jurul anului 140, nu o menționează. Nici în opera lui Marcion[n26], care aparține tot acelei perioade, nu se găsește nimic care să indice faptul că i-ar fi fost cunoscută. Iustin Martirul[n27] o folosește în scrierile sale, realizate între anii 163 și 167, însă face acest lucru cu rezervă, de parcă lucrarea nu ar fi fost demnă de încredere și acest lucru este încă o dovadă care indică faptul că autenticitatea acesteia nu era acceptată nici chiar în secolul al III-lea. Ioan, ucenicul lui Isus, nu a fost cu siguranță autorul său, însă dacă ar fi acceptată realizarea sa în anul 100, autorul său ar putea fi Ioan Prezbiterul[n28], care a murit în jurul anului 100.

Se consideră că lucrarea intitulată *Faptele Apostolilor* a fost scrisă în formă inițială de autorul Evangheliei după Sf. Luca, care este posibil să fi fost chiar Luca. Realizarea acesteia poate fi situată în anul 80, deşi unii critici consideră că nu a fost publicată până după anul 100.

Cartea cunoscută drept *Apocalipsa lui Ioan* este considerată opera unui student al aceleiaşi scoli căreia îi aparţinea autorul Evangheliei după Sf. Ioan, dar este o carte anterioară Evangheliei şi a fost scrisă probabil între anii 63 şi 93. Andreas din Cezareea[n29] declară că episcopul Papias a cunoscut lucrarea. Iustin Martirul a acceptat-o drept canonică. Marcion a cunoscut-o, dar a respins-o. Dionisie din Alexandria (255 d.Hr.) nu a fost hotărât în privinţa autenticităţii ei. Ieronim[n31], care a murit în anul 420, a respins-o. Însă alţi scriitori creştini au acceptat-o şi treptat opinia generală a stabilit că trebuie acceptată drept canonică.

Mai sunt, în cele din urmă, epistolele care nu-i aparţin lui Pavel. Dintre acestea, întâia Epistolă a Sfântului Petru este considerată, în general, o scrisoare autentică a lui Petru, scrisă între anii 59 şi 64 d.Hr.. A doua Epistolă a Sfântului Petru însă, a fost scrisă de altcineva, probabil în jurul anului 150 d.Hr.. Se consideră că Epistolele Sfântului Ioan au fost scrise între anii 90 şi 110 d.Hr., acelea ale Sfântului Iacob, între 95 şi 120, iar acelea ale Sfântului Iuda, între 100 şi 150 d.Hr..

Prin urmare, cărţile Noului Testament pot fi aşezate în ordinea următoare: Epistolele autentice ale lui Sfântului Pavel, din 52, până în 64 d.Hr., întâia Epistolă a Sfântului Petru, din 59, până în 64 d.Hr., Apocalipsa lui Ioan, din 69, până în 93 d.Hr., Evanghelia după Sf. Marcu, din 70, până în 100 d.Hr., Epistolele Sfântului Iacob, din 95, până în 120 d.Hr., Evanghelia după Sf. Luca, în jurul anului 100 d.Hr., Evanghelia după Sf. Matei, din 100, până în 110 d.Hr., Epistolele Sfântului Iuda, din 100, până în 150 d.Hr., Evanghelia după Sf. Ioan, din 100, până în 160 d.Hr. şi a Doua Epistolă a Sfântului Ioan, în jurul anului 150 d.Hr..

Acum, în secolul al XX-lea, este uimitor să auzi creştinii declarând că Biblia şi, în special, Noul Testament, spun cutare şi cutare şi, de aceea, trebuie să fie adevărat. Oare aceştia nu înţeleg că Noul Testament reprezintă o colecţie de cărţi, de credibilitate variabilă, întocmită şi acceptată drept canonică doar în secolul al IV-lea d.Hr., de un cler lipsit de spirit critic, cu mentalitatea limitată a perioadei istorice respective? Atunci când ne referim la Noul Testament trebuie să avem clar în minte datele menționate mai înainte. În ceea ce privește evangheliile, trebuie reamintit faptul că acelea după Sf. Matei și Sf. Ioan sunt cele mai puțin demne de încredere, având în vedere perioada lungă de timp care se scursese (până la alcătuirea lor, n.t.), perioadă în care se puteau strecura erori în textele lor. Totuși, atunci când este înlăturat elementul supranatural incredibil, aceste cărți canonice furnizează o literatură cu o importanță istorică de prim rang.

CAPITOLUL IV

Nașterea din fecioară

Creștinul ortodox are tendința de a acorda o mai mare importanță laturii teologice a religiei sale, în detrimentul laturii etice. Adică este mai interesat de venerarea lui Cristos, în calitate de Dumnezeu, decât de urmarea exemplului Său, în calitate de om. Preferă să considere că Domnul nostru s-a născut în chip miraculos, în acompaniamentul aclamărilor oștii din ceruri și că a dus o viață glorioasă și impresionantă, înfăptuind miracole și fiind ajutat de îngeri, în loc să considere că a fost, în timpul petrecut pe pământ, doar un om care s-a confruntat cu aceleași dificultăți cu care ne confruntăm și noi.

Tendința de a pune accentul pe latura Sa divină, astfel încât El să fie venerat, în loc de a reliefa latura Sa umană, astfel încât exemplul Său să fie urmat, era evidentă și la începuturile creștinismului. Dorința de a se prosterna și de a venera, în loc de a sta drept, reprezintă o slăbiciune cronică a omului. Astfel, la aproximativ 60 de ani după Crucificare, a început să circule povestirea că Isus fusese „conceput de Duhul Sfânt" și că nu avusese un om drept tată.

O asemenea credință ar fi putut diminua valoarea vieții Sale exemplare, implicând faptul că s-a bucurat de avantajul de a fi doar pe jumătate muritor. Viața Sa nu ar fi putut constitui un exemplu pentru oamenii simpli, având în vedere că nu moștenise, asemenea nouă, pornirile muritorilor și slăbiciunile unei mame și unui tată, de natură umană. Acest detaliu a fost, însă, trecut cu vederea și dorința de a considera că El a fost mai mult decât un simplu muritor chiar și în timpul încarnării Sale a devenit, o dată cu trecerea secolelor, atât de puternică încât s-a găsit necesară conferirea unui anumit tip de divinitate și mamei Sale pământești, astfel încât El să poată fi considerat non-uman în întregime.

Doctrina „Concepției Imaculate a Maicii Domnului" a fost adoptată oficial, ca dogmă a Credinței, de Biserica romano-catolică în anul 1854. Acest lucru înseamnă că mama lui Isus nu a fost atinsă, în mod miraculos, de pata Păcatului Originar în momentul în care a fost concepută de părinții ei și a rămas într-o condiție non-umană de sfințenie pe tot parcursul vieții. Această dogmă, împreună cu faptul că Biserica îi canonizase deja părinții, sugerează faptul că Isus nu a instituit un exemplu care să poată fi imitat de omul obișnuit, în ceea ce privește modul în care poate fi trăită viața, pentru că El nu a moștenit slăbiciunile părinților și nu a avut niciun dezavantaj de tipul celor sub imperiul cărora trudim noi.

Toate aceste lucruri sunt pe placul celor pe care temperamentul îi predispune către venerare și care preferă, de aceea, să se gândească la Domnul nostru în calitate de Dumnezeu și nu de om. Aceia, însă, pe care îi atrage cel mai tare eroismul naturii Sale umane, preferă să considere, după cum făceau și primii creștini în zilele anterioare luării în stăpânire a Credinței de către Teologie, că, în încarnarea Sa, El era pur și simplu fiul unui tâmplar obscur, pe nume Iosif și al soției acestuia, care se numea, probabil, Maria. Spun „probabil", în primul rând pentru că nu este sigur că numele mamei lui Isus era Maria, prima referire la ea sub acest nume survenind în cadrul unui paragraf, care este posibil să fi fost interpolat, în Faptele Apostolilor[15], carte ce

---

[15] Faptele Apostolilor I, 14.

nu avea să fie scrisă decât la 50, 60 de ani, după Crucificare. În al doilea rând, pentru că foarte mulți zei, sau eroi semi-zei, avuseseră mame ale căror nume erau variații ale numelui „Maria": Adonis[n32] este fiul Myrrhei[n33], Hermes[n34] este fiul Maiei[n35], Cirus[n36] este fiul Marianei, sau Mandanei[n37], Moise[n38] este fiul lui Miriam[n39], Iosua[n40], potrivit Cronicii lui Tabari[n41] este fiul lui Miriam, Buddha este fiul Mayei[n42], Krishna[n43] este fiul Maritalei[n44] și așa mai departe, până când te poți gândi că numele mamei Domnului nostru a fost uitat și a fost înlocuit cu nume generic.

În ceea ce privește nașterea din fecioară, este semnificativ faptul că în epistolele care formează primele documente creștine, nu se face referire la acest lucru. Din contră, Sf. Pavel se referă la Isus drept „născut din sămânța lui David, în ce privește trupul"[16], adică din sămânța lui Iosif, urmașul lui David. Prima evanghelie, aceea a Sfântului Marcu, care datează din perioada 70 – 100 d.Hr., nu o menționează și nici Evanghelia după Sf. Ioan, care datează din jurul anului 100 d.Hr., nu face acest lucru. Cartea Apocalipsei, scrisă între anii 69 și 93, păstrează tăcerea pe marginea acestui subiect, iar dacă nașterea din fecioară ar fi constituit un principiu de bază al Credinței, ar fi apărut, fără niciun dubiu, în simbolismul mistic al acelei lucrări. Povestirea apare pentru întâia oară în Evanghelia după Sf. Luca, care este posibil să fi fost scrisă nu mai departe de anul 100 d.Hr., unde ni se spune că Maria concepuse pruncul prin opera Duhului Sfânt, înainte de consumarea căsătoriei cu Iosif, deși este sugerat faptul că el considera copilul drept propriul fiu[17] și că aceasta era opinia generală[18]. În Evanghelia după Sf. Matei, scrisă probabil cu 10 ani mai târziu, povestirea a fost dezvoltată. De această dată se spune că Iosif era conștient de faptul că pruncul nu era al lui și că fusese oprit de la despărțirea de Maria de un înger care îi apăruse în vis și îi spusese că pruncul fusese conceput de Duhul Sfânt.

---

[16] Romani I, 3.
[17] Luca II, 5, 16, 41.
[18] Luca III, 23.

Pare clar, de aceea, că povestirea nu era cunoscută sau, cel puțin, nu era acceptată înainte de anul 100 d.Hr., adică, la un secol încheiat de la data evenimentului pe care îl consemnează. În Evanghelia după Sf. Matei și în cea după Sf. Luca se furnizează genealogii ale Domnului în scopul de a arăta că Isus este un descendent al lui David, căci Mesia cel promis trebuia să fie din sămânța lui David. Aceste genealogii sunt, totuși, trasate pe linia lui Iosif și dacă Iosif nu ar fi fost pe atunci considerat tatăl lui Isus, este greu de înțeles de ce a fost prezentată genealogia, pentru că nicăieri nu este sugerat faptul că Maria era înrudită cu Iosif, sau că se trăgea, de asemenea, din David, iar aceasta nici nu apare în genealogiile respective. Versiunea în aramaica veche din Siria, descoperită în 1892[19], clarifică ceva mai bine subiectul, pentru că acolo, la sfârșitul genealogiei, este făcută afirmația limpede că „Iacob a avut un fiu, pe Iosif, cu care era logodită Maria și Iosif a avut un fiu, pe Isus, numit «Cristosul»". Se pare, de fapt, că avem de-a face cu o contradicție, cauzată de introducerea ulterioară a poveștii Nașterii din fecioară, pe lângă povestirea anterioară a descendenței lui Isus din David, prin Iosif. În acest caz îi putem amplasa realizarea undeva în secolul al II-lea.

Priza unei astfel de povești este subînțeleasă, având în vedere că erau comune legendele nașterilor zeilor păgâni și eroilor din unirea unei divinități cu o fecioară muritoare. Despre Hetșepsut[n45], faimoasa Regină Egipteană, se spunea că este rezultatul unirii zeului Amon[n46] cu o muritoare. O poveste similară (ilustrată sculptural) privind nașterea lui Amenofis al III-lea[n47], putea fi citită și văzută de oricine călătorea în Egipt și se întâmpla să viziteze Templul[n48] lui Amon, din Teba. Și despre Cirus cel Mare se spunea că este fiul unui zeu care se unise cu o fecioară muritoare. Odinioară, acest Cirus fusese considerat Mesia de evrei[20]. Scriitorul Egiptean Asclepiade a declarat că Iulius Cezar fusese conceput de Apollo în mod miraculos, în pântecul mamei lui, pe când aceasta se găsea în templul zeului respectiv. Perseu, faimosul erou, era fiul lui Zeus și al prințesei virgine, Danae, fapt care l-a făcut pe Iustin

---

[19] A. Houtin, La Question Biblique, p.245; E. Giran, Jesus of Nazareth, p.56.
[20] Isaia XIV, 1.

Martirul, unul dinte Părinții creștini de la jumătatea secolului al II-lea, să scrie: "când aud că Perseu[n49] a fost născut de o fecioară, înțeleg că șarpele amăgitor (Satan) a falsificat acest lucru"[21] aparent pentru a provoca suspiciuni în legătură cu povestirea nașterii din fecioară a lui Isus, care începea să fie crezută.

Potrivit unei legende, tatăl filosofului Platon fuse vestit în vis de nașterea copilului, pentru că soția sa, încă fecioară, fusese fertilizată de divinitate[22]. Plutarh menționează credința generală privind faptul că o femeie putea concepe atunci când se apropia de ea un spirit sau o divinitate. Și despre Apollonius din Tyana[n50], contemporanul lui Isus, se spunea că se născuse în urma legăturii unui zeu cu mama acestuia, căreia îi fusese anunțată viitoarea naște într-un mod asemănător celui din povestirea creștină. În China, filosofii Fohi și Lao-Kium fuseră amândoi născuți de fecioare. Zoroastru[n51] al Perșilor fusese zămislit în mod miraculos, în același fel. Potrivit unei legende, mama zeului Attis[n52] era fecioara Nana. Zeița Egipteană Neith[n53] a conceput fără a se uni cu vreun bărbat și l-a născut pe Ra[n54]. Herodot[n55] ne povestește cum s-a pogorât o rază de lumină peste Vaca Sacră a Egiptului, care l-a născut apoi pe zeul Apis[n56]. Plutarh spune, în cartea sa despre Isis și Osiris, că respectivii au fost zămisliți prin ureche și vedem, câteodată, în tablourile medievale o rază de lumină pogorându-se în chip asemănător asupra urechii Mariei. Tertulian[23;n57] declară că Domnul nostru a fost conceput de o rază de lumină, care s-a pogorât asupra Fecioarei.

Având în vedere că povestirea concepției miraculoase a lui Isus începuse să capete crezare, se pare că a trebuit să-i fie adaptată o veche profeție ebraică referitoare la naștere lui Mesia. În Sf. Matei și în Sf. Luca se face trimitere la cuvintele profetice ale lui Isaia, "Iată, o fecioară va rămâne însărcinată, va naște un fiu"[24] și este folosit

---

[21] Dialog cu Trypho, c. 70.
[22] Diogene Laerțiu, b, III, c. I., sec. I; J. M. Robertson, *Christianity and Mythology*, p. 318, nota 6.
[23] Tertulian, *Apologeticus*, XXI.
[24] Isaia VII, 14.

cuvântul *parthenos*, care în limba greacă înseamnă (de obicei) fecioară. Dar Isaia folosise cuvântul ebraic *almah*, care nu înseamnă (neapărat) fecioară şi, de aceea, tradiţia iniţială nu cerea ca Mesia să fie născut de o fecioară[25].

În ciuda răspândirii poveştii Naşterii din fecioară, nimeni nu îi acorda prea multă atenţie la începuturi şi poziţia Sfântului Pavel[26] privind faptul că Isus era fiul lui Iosif, dar fusese declarat Fiul lui Dumnezeu „prin Duhul Sfinţeniei", era, în general, acceptată. Nu era sărbătorită adevărata lui naştere, aniversarea botezului Său fiind considerată evenimentul important, pentru că, după cum spune Chrysostom[n58]: "El nu a apărut lumii atunci când s-a născut, ci atunci când a fost botezat".

Era larg acceptată opinia că viaţa Lui divină a început doar din momentul botezului şi nu mai devreme de 450 d.Hr., Papa Leon[n59] a trebuit să-i corecteze pe unii episcopi care considerau că Isus „se născuse din Duhul Sfânt" la botez, fapt care arată cât de puţin importante erau considerate adevărata naştere şi relatările despre aceasta.

În lumina acestor lucruri este regretabil faptul că s-a făcut un obiect al Crezului din naşterea lui Isus din fecioară. Este adevărat că unii oameni nu întâmpină vreo dificultate în acceptarea acestui lucru, având în vedere că partenogeneza, sau reproducerea fără aportul masculului, este un lucru recunoscut în ceea ce priveşte lumea animalele inferioare, dacă nu cea umană. Dar alţi oameni ezitau în această privinţă, în primul rând, pentru că presupunerea că El era doar pe jumătate om reducea importanţa victoriei Domnului asupra trupului, în al doilea rând, pentru că ideii divinităţii Lui îi este suficientă presupunerea, comună în rândul primilor creştini, că Spiritul lui Dumnezeu a pătruns în personalitatea Lui la începutul activităţii cu caracter religios, în al treilea rând, pentru că toate probele indică faptul că povestirea nu avea să fie cunoscută decât la un secol de la naşterea Lui şi în cele din urmă, pentru că pe vremea aceea lumea

---

[25] Comparaţi cu *Ioel I, 8.*, în care este menţionat soţul unei *almah*.
[26] Romani I, 4.

păgână era înțesată cu astfel de legende și primilor creștini le-ar fi fost foarte greu să evite influența lor.

CAPITOLUL 5

Începutul vieții și activitatea propovăduitoare a lui Isus

Îndepărtarea elementelor incredibile, sau a celor care par împrumutate din mitologia contemporană, din istoria vieții și activității propovăduitoare a Domnului, ar trebui întreprinsă fără teama unor consecințe nefaste asupra credinței și cu un sentiment de bucurie și ușurare. Unii critici au fost neliniștiți de aceste întâmplări incredibile și au fost împinși într-un agnosticism cu spectru larg, iar alții le-au folosit energic pentru a demonstra că Isus nici măcar nu a existat vreodată. Simțim, de aceea, o satisfacție profundă atunci când realizăm faptul că astfel de legende pot fi eliminate fără a diminua valoare supremă a relatării din Evanghelie.

Să ne gândim, atunci, ce părți din relatarea vieții Domnului pot avea caracter real. În primul rând trebuie să admitem faptul că nu se știe nimic sigur despre nașterea, copilăria și începutul vieții Sale adulte, pentru că în prima dintre evanghelii, aceea după Sf. Marcu, povestirea începe o dată cu activitatea Lui propovăduitoare, după cum este cazul și în Evanghelia după Sf. Ioan. Anii de dinainte sunt povestiți doar în Evanghelia după Sf. Luca și în aceea după Sf. Matei, nici una dintre care nu a fost realizată înainte de anul 100 d.Hr. și care sunt, oricum, diferite în esență.

În Sf. Matei, părinții lui Isus locuiesc în Betleem[27], care se află în Iudeea, la aproximativ 5 mile, sud de Ierusalim, iar la reîntoarcerea din Egipt[28] se mută în Nazaret, în Galileea, departe, la nord de Ierusalim. În

---

[27] Sugerat în Matei II, 1.
[28] Matei II, 23.

Sf. Luca, însă, ei locuiesc în Nazaret[29] şi se duc la Betleem din considerente fiscale[30]. Evanghelia după Sf. Marcu, cea mai bună sursă a noastră, îl numeşte pe Isus „din Nazaret"[31] şi nu pomeneşte nimic despre Betleem. Mulţi critici[32] au susţinut faptul că Nazaretul nu a existat, pentru că, în afară de Biblie, nu se mai găseşte vreo referire la acesta, nici înaintea erei creştine şi nici în primele 3 secole d.Hr.. Aceştia sugerează faptul că este un nume de localitate inventat şi mai apoi atribuit unui sat care era potrivit pentru a lămuri originea uitată a titulaturii „Isus Nazarineanul", a cărei adevărata origine, susţin aceştia, este rădăcina cuvântului Ebraic n s r, care înseamnă „a proteja", "Isus Protectorul" fiind, probabil, numele unui zeu popular al evreilor din vechime, cu mult înainte de timpul Domnului nostru. Opinia larg răspândită este, totuşi, că actualul sat Nazaret din Galileea a fost locul de baştină al lui Isus. Însă, tot de o largă răspândire se bucură şi opinia că El s-a născut în Betleem, în Iudeea. Se consideră că povestirea cu Betleem-ul a fost introdusă pentru a întări ideea că El era Mesia, pentru că familia lui David, acela din a cărui sămânţă se va fi născut Mesia, se trăgea din Betleem, din Iudeea. De fapt este mai probabil ca Isus să se fi născut într-un mic cătun, numit tot Betleem, aproape de Nazaret, în Galileea[33]. Povestirea recensământului ordonat de Augustus, care i-a obligat pe Iosif şi Maria să meargă la Betleem, în Iudeea, este cu siguranţă incorectă, pentru că niciun astfel de recensământ nu a fost făcut în niciunul dintre anii în care este posibil să se fi născut Isus, dacă presupunem că avea aproximativ 30 de ani când a început să propovăduiască. Nu este posibil, de asemenea, ca cetăţenii să fi fost obligaţi să se îndrepte către locurile lor de baştină pentru a fi înregistraţi, pentru că este cunoscut faptul că romanii făceau recensământul în baza rezidenţei cetăţenilor. Mai mult decât atât, Galileea era guvernată independent de Irod Antipa[n60] pe vremea

---

[29] Luca I, 26.
[30] Luca II, 4.
[31] Marcu XIV, 67; XVI, 6.
[32] G. Brandes, *Jesus, a Myth*, p. 92.
[33] A. Réville, *Jesus of Nazareth*.

când Quirinus[n61], sau Cyrenius[34], se ocupa cu fiscalitatea în Iudeea. În Evanghelia după Sf. Matei, Isus se născuse într-o casă[35], dar în Evanghelia după Sf. Luca, El se născuse într-un grajd[36], iar mai târziu, acest grajd este situat într-o grotă. Totuși, originea mitologică a acestei idei este atât de limpede, încât întreagă poveste ar trebui să fie abandonată. În primul rând, în ceea ce privește grota. Grota din Betleem, prezentată drept locul nașterii lui Isus, era de fapt un altar săpat în stâncă, pe care era venerat zeul Tammuz sau Adonis, după cum ne spune[37] Părintele creștin timpuriu Ieronim și adoptarea ei ca scenă a nașterii Domnului nostru a fost unul dintre acele exemple frecvente în care creștinismul a preluat locuri sacre păgâne. Caracterul adecvat al însușirii acestei scene a fost sporit de faptul că venerarea unui zeu într-o grotă era ceva comun la păgâni. Apollo, Cibele, Demetra, Heracle, Hermes, Mitra și Poseidon erau toți venerați în caverne, în timp ce Hermes, *Logos*-ul Grecesc, chiar fusese născut de Maia într-o cavernă[38], iar Mitra fusese „*născut-din-piatră*".

Apoi, în ceea ce privește grajdul, Sf. Luca[39] spune că după ce copilul s-a născut, Maria l-a înfășat și l-a pus într-o iesle (*phatné*), adică într-un coș pentru nutreț, ca *liknon*-ul grecilor, care era un fel de coș folosit pentru fân, sau ca leagăn și se asemăna, într-o oarecare măsură, cu ieslea reprezentată în tabloul lui Botticelli, *Nașterea mistică*[40]. Totuși, autorul Evangheliei după Sf. Luca, se inspira din mitologia greacă în acest aspect, întrucât zeul Hermes fusese înfășat după naștere și pus într-un *liknon*, sau coș de nutreț. La fel se întâmplase și cu zeul Dionis[41; n62,63], care a dat în Bitinia[n64] numele lunii care începe cu Crăciunul nostru și care, după cum va fi ilustrat în capitolul al XXIII-lea, era strâns legat de concepția populară a lui Isus.

---

[34] Luca II, 2.
[35] Matei II, 1.
[36] Luca II, 7.
[37] Epistole LVIII, *ad Paulinum*.
[38] Apollodorus, cartea III, X. 2.
[39] Luca II, 7.
[40] Londra, National Gallery.
[41] Smith, *Dicționar al Greciei și Romei antice*.

De asemenea, în legenda nașterii divinului Ion, strămoșul mitic al Ionicilor[n65], pruncul este așezat într-o grotă[42], într-un coș de același tip.

În Evanghelia după Sf. Matei (și numai acolo) ni se relatează că Iosif a fost înștiințat în cadrul uni vis în privința intențiilor lui Irod de a omorî pruncul. De aceea, Iosif, L-a dus în Egipt, iar, între timp, Irod a provocat masacrul[43] tuturor pruncilor din Betleem. În primul rând, Irod a murit în anul 4 î.Hr., iar Isus se pare că s-a născut în anul 2, sau 1 î.Hr. (paradoxal, cronologia *Anno Domini* este greșită cu un an, sau doi). Oricum, Iosephus, care consemnează toate crimele lui Irod, nu menționează și acest masacru. Povestea, de fapt, pare să fie un ecou al vechilor legende ebraice, cum ar fi legenda lui Nimrod[n66], despre care se spune că a încercat să-l omoare pe Avram când acesta era doar un prunc, prin uciderea tuturor pruncilor din zonele stăpânite de el[44]; legenda despre Faraonul Egiptului, care a vrut să omoare toți primii-născuți ai evreilor[45]; și legenda lui Ioab[n67], care a încercat să-l omoare pe Hadad[n68], când era mic, prin masacrul bărbaților din Edom[46; n69], însă Hadad a scăpat fugind în Egipt. Ar mai fi și povestirea privind Senatul Roman, ai cărui membri au încercat, printr-un masacru asemănător, să-l omoare pe Augustus[47] când era copil. Oricum ar fi, caracterul istoric al acestui fapt este atât de incert, încât comemorarea masacrului în calendarul Bisericii și referirea la acesta, la anglicani, în cadrul rugăciunii zilnice, ar putea fi anulate fără nicio pierdere.

Aș putea adăuga că perioada anului în care s-a născut Isus este complet necunoscută, iar data în care noi sărbătorim Crăciunul, 25 decembrie, a fost adoptată de Biserică târziu, în secolul al IV-lea d.Hr., pentru că aceasta era data tradițională de naștere a zeului-soare, dar mă voi referi la acest lucru într-un capitol ulterior. În realitate, nu se cunoaște nimic, pe plan istoric, cu privire la nașterea și la primii ani ai

---

[42] Euripide, *Ion*.
[43] Matei II, 13-21.
[44] E. Giran, *Jesus of Nazareth*, p. 49.
[45] Exodul I, 15.
[46] Regi I, XI, 15.
[47] Suetoniu, *Octavius*, p. 94.

vieții Domnului nostru. Tot ce se poate spune este că El era fiul unui tâmplar, care se numea Iosif și al soției acestuia, care se numea, probabil, Maria[48]. Aceștia se pare că locuiau în Nazaret, sau în satul vecin, Betleem. Se pare că ei au avut cel puțin șapte copii: cinci băieți, Isus, Iacov, Iose, Iuda și Simon și două, sau mai multe, fete, ale căror nume nu sunt cunoscute[49]. De aceea, ni-L putem închipui pe Domnul nostru crescând împreună cu frații și surorile Sale, în stilul aspru de viață din cadrul unei familii de clasă medie din partea locului, dar detașându-se treptat de ei, în măsura dezvoltării conștiinței sale religioase.

Apoi, probabil în jurul anului 28, sau 29, d.Hr., deși data este extrem de nesigură, El și-a început activitatea propovăduitoare. Din acel moment, până la arestarea Lui, în luna aprilie a anului 30 d.Hr., relatările peregrinărilor sale sunt suficient de bogate și ne putem forma o imagine clară despre Domnul nostru. Voi vorbi în capitolul următor despre miracolele și despre întâmplările miraculoase consemnate în evanghelii, cea mai mare parte a cărora poate fi înlăturată fără a dăuna temei. Este doar necesar să subliniem faptul că personalitatea istorică a lui Isus și supremația acelei personalități se bazează pe spusele Sale, susținute de consemnările privind comportamentul Său, din evangheliile sinoptice. Vorbele Sale trebuie considerate, în general, autentice pentru că provin, în cea mai mare parte, din culegerile realizate de Marcu și Matei, după cum a consemnat episcopul Papias[50]. Criticii[51] care susțin faptul că Isus nu a existat, s-au străduit să arate că majoritatea vorbelor Sale fuseseră rostite în prealabil. De exemplu, "Ferice de cei blânzi, căci ei vor moșteni pământul"[52], se regăsește în Psalmi, "Cei blânzi vor moșteni pământul"[53]. "Oricui te lovește peste obrazul drept, întoarce-i și pe

---

[48] Vezi Capitolul IV.
[49] Marcu VI, 3.
[50] Vezi capitolul III.
[51] De exemplu, J. M. Robertson, Christianity and Mythology, p. 440.
[52] Matei V, 5.
[53] Psalmi XXXVII, 11.

celălalt"[54], se regăseşte în Ieremia, "Să dea obrazul celui ce-l loveşte"[55] şi în Isaia, "Mi-am dat obrajii celor ce-Mi smulgeau barba"[56] şi aşa mai departe. Cineva însă, ar putea merge mai departe şi ar putea spune că înţelepciunea lui Isus reprezintă suma înţelepciunii tuturor filosofilor, atât evrei, cât şi păgâni. Totuşi, nu există nimic în evanghelii care să indice faptul că autorii lor ar fi fost capabili să caute în cărţile lumii, să adune această înţelepciune şi să o facă să ţină de spusele unei persoane imaginare.

Autorii evangheliilor, cărora le făceau mare plăcere poveştile despre miracole şi despre tot felul de lucruri incredibile, nu pot fi consideraţi capabili să inventeze o figură sublimă, precum aceea a lui Isus, simplu, modest, blând, impunător, care ne este revelată de poveştile lor. Dacă a existat vreodată o personalitate autentică în istorie, atunci este aceea a Domnului nostru şi îndepărtarea elementului miraculos din evanghelii foloseşte doar pentru a-L scoate şi mai bine în evidenţă, drept personajul cel mai lipsit de cusur pe care l-a cunoscut vreodată lumea.

Faptul că se vorbeşte atât de puţin despre primii Săi ani de viaţă şi că, în două dintre evanghelii, relatarea începe doar în momentul în care El a fost botezat de Ioan, indică faptul că scriitorii acelor cărţi nu romanţau. Dacă aceştia ar fi inventat povestirea, ar fi avut foarte multe de spus cu privire la manifestările caracterului Său divin, în prima parte a vieţii Sale.

---

[54] Matei V, 39.
[55] Plângerile lui Ieremia III, 30.
[56] Isaia L, 6.

CAPITOLUL VI

Întâmplările miraculoase

Cea mai timpurie dintre evanghelii, aceea după Sf. Marcu, nu avea să capete forma pe care o are în prezent decât undeva între 40 şi 70 de ani după timpul Domnului nostru. Celelalte evanghelii sunt de dată şi mai târzie. Este absolut incredibil ca relatările despre El să nu fi fost augmentate în acest răstimp şi să nu fi căpătat elemente exagerate. Poveştile despre un erou popular se dezvoltă în mod inevitabil. În cazul poveştilor care-L privesc pe Isus, care era acceptat de primii săi ucenici, la început, în calitate de Mesia trimis de Dumnezeu şi, ulterior, în calitate de Fiu al lui Dumnezeu încarnat pe pământ, este imposibil de crezut că nu a avut loc o înfrumuseţare a lor, că unele dintre ele nu au fost construite în jurul unor nuclee irelevante, că nu au fost împrumutate în mod neintenţionat din alte surse, sau chiar că nu au fost inventate. Uimitor nu este faptul că sunt atât de multe, ci acela că sunt spuse prea puţine poveşti improbabile despre El, având în vedere că Îi fusese recunoscută originea divină şi de aceea era crezut faptul că înfăptuise miracole şi că fusese cauza unor întâmplări miraculoase. Poveşti mult mai neverosimile au fost spuse despre alţi oameni, nu despre Isus.

Voi menţiona un singur exemplu. Cu puţin timp înainte ca Iulius Cezar să fie asasinat, se spune că toate uşile şi ferestrele palatului său s-au deschis brusc, de la sine. Lumini stranii au fost văzute în înalt, s-au auzit zgomote ciudate, fantome care străluceau ca metalul încins au fost văzute în zbor şi aşa mai departe[57]. Acestea şi sute de poveşti similare în legătură cu alte persoane erau subiect de conversaţie pe vremea când au fost compuse evangheliile. Toată lumea credea în întâmplări miraculoase, în semne, în minuni şi se credea că persoanele

---

[57] Plutarh, *Vieţile paralele ale oamenilor iluştri, Cezar*.

sfinte sau acelea de origine divină, îşi arătau puterile înfăptuind miracole. Se spune că Plotin[n70], filosoful, înfăptuia minuni. Lui Apollonius di Tyana îi sunt atribuite multe miracole. Iar primilor sfinţi creştini le sunt atribuite întâmplări miraculoase, mai multe şi mai uimitoare decât acelea înfăptuite de Fondatorul Credinţei.

Dar, cum bine spune Rénan[58], "Dacă vreodată venerarea lui Isus îşi va pierde influenţa asupra lumii, acest lucru se va întâmpla exact din cauza lucrurilor care au inspirat credinţa în El, la început". Timpurile s-au schimbat şi nu mai avem nevoie de relatări miraculoase pentru a ne ajuta să credem în misiunea divină a Domnului nostru. Viaţa Lui istorică şi învăţăturile Lui formează baza convingerilor noastre în legătură cu El, în timp ce poveştile cu miracole şi întâmplările miraculoase (care sunt considerate în afara naturii) sporesc în prezent neîncrederea, mai curând decât credinţa în El.

Să considerăm mai întâi întâmplările miraculoase. Povestea naşterii din fecioară, după cum am indicat în capitolul al IV-lea, are surse păgâne şi apare pentru prima oară în Evanghelia după Sf. Luca, scrisă la aproximativ 100 de ani după evenimentul pe care îl consemnează. Cea mai timpurie evanghelie, aceea după Sf. Marcu, nu face nicio referire la naştere. Nici Evanghelia după Sf. Ioan, care este posibil să fi fost scrisă încă din anul 100 d.Hr.. Ambii cronicari încep cu botezul Domnului nostru, realizat de Ioan şi este, de aceea, sigur că autorii lor nu ştiau nimic despre naşterea şi tinereţea Lui. Doar Evanghelia după Sf. Luca, scrisă nu departe de anul 100 d.Hr., relatează povestea îngerilor care le apar ciobanilor. Evanghelia după Sf. Matei, scrisă cu aproximativ 10 ani mai târziu, nu menţionează această legendă şi furnizează în locul ei povestea despre steaua de la est şi despre magi, poveste pe care celelalte nu o menţionează.

Cele 40 de zile petrecute în deşert şi tentaţiile venite din partea lui Satan sunt consemnate succint în Sf. Marcu, cea mai timpurie evanghelie[59]. Ni se relatează doar că Isus a fost în deşert tot acest timp, că a fost ispitit de Diavol şi că îngerii s-au îngrijit de El. Toată

---

[58] E. Rénan, *Life of Jesus*.
[59] Marcu I, 13.

povestea este tratată într-un singur verset şi nu este menţionat faptul că a postit. Evanghelia după Sf. Ioan nu menţionează această întâmplare. Doar Sf. Luca (100 d.Hr.) şi Sf. Matei (110 d.Hr.) relatează povestea postului ţinut de Isus. Aceleaşi evanghelii mai relatează cum Isus a fost dus de Satan pe un munte şi pe culmea Templului, cum a fost ispitit şi faptul că Necuratul nu a reuşit să-l convingă.

Retragerea în deşert poate fi un fapt real, dar povestea ispitei este în mod clar o alegorie care trebuie înţeleasă în sens spiritual, deşi poate fi găsită sursa unora dintre elementele sale. Zeul cu copite, Pan[n71], este prototipul lui Satan şi există o legendă păgână care relatează cum tânărul Jupiter[n72] a fost condus de Pan pe vârful unui munte, de unde el a putut vedea ţările lumii[60]. Acest munte era numit „Stâlpul Cerului", fapt care explică, probabil, introducerea culmii Templului în povestire. Zoroastru, fondatorul religiei persane, s-a dus în deşert şi a fost ispitit de Diavol. La fel a făcut Buddha şi a fost şi el ispitit. Moise şi Ilie au stat în deşert. Primul a postit pe muntele Sinai, timp de 40 de zile, iar cel din urmă a postit pe muntele Horeb, tot 40 de zile. Ezechiel a trebuit să suporte nelegiuirile casei regale din Iudeea timp de 40 de zile. Distrugerea rasei umane în vremea Potopului a durat 40 de zile. Erau 40 de zile de doliu în cadrul misterelor păgâne ale Proserpinei[n73]. *Onorul lui Mitra* dura 40 de zile la persanii antici. Şi aşa mai departe.

Evanghelia după Sf. Ion nu menţionează nimic în ceea ce priveşte întâmplările miraculoase care au avut loc la moartea lui Isus, iar Evangheliile după Sf. Marcu şi Sf. Luca vorbesc doar de ruperea perdelei din templu şi de întunecimea, sau înnorarea cerului, care a durat timp de trei ore. Povestea cutremurului, răsturnarea pietrelor, deschiderea mormintelor şi ieşirea morţilor, sunt relatate doar în Evanghelia după Sf. Matei, scrisă la aproape 80 de ani după evenimentul pe care îl consemnează, fapt care ridică întrebări serioase în privinţa autenticităţii sale. Desigur, în ziua respectivă s-ar fi putut produce un cutremur, dar, dacă ar fi ar fi avut loc cu adevărat, este de

---

[60] Lactantius, *Divine Institutes* I, 11.

neconceput faptul că nu este menționat de niciuna dintre celelalte trei evanghelii scrise mai înainte.

În ceea ce privește miracolele înfăptuite de Isus, fac următoarele mențiuni. Transformarea apei în vin, care a avut loc în Cana, este posibil să se bazeze pe povești similare legate de Dionis, unul dintre cei mai populari zei la începuturile creștinismului. Biserica stabilise aniversarea miracolului pe 6 ianuarie, dată ce corespunde sărbătorii lui Dionis, în timpul căreia se credea că în anumite locuri de închinăciune[61] are loc transformarea apei în vin, drept miracol anual. Hrănirea unei mulțimi cu cinci pâini și doi pești prezintă o strânsă asemănare cu miracolul înfăptuit de Elisei[62; n74] și, de aceea, se poate considera că povestea a fost copiată după legenda anterioară. Potolirea furtunii poate fi o poveste bazată pe o întâmplare reală, în cadrul căreia un calm providențial a urmat unei exclamații rostite de Isus. Povestea mersului pe mare, care este relatată în mod simplu în cea mai timpurie dintre evanghelii, este posibil să fi pornit de la o interpretare greșită, pentru că limba greacă permite traducerea „merge *pe lângă* mare", în loc de „merge *pe* mare". Evanghelia după Sf. Luca nu menționează întâmplarea și cea mai elaborată versiune a poveștii, în care și Petru încearcă să meargă pe apă, doar pentru a se afunda în aceasta, este, ca de obicei, de găsit doar în evanghelia compilată cel mai târziu, după ce se scursese cea mai mare parte a unui secol.

Învierea din morți a fiului văduvei lui Nain[63; n75] este menționată doar în Sf. Luca, iar învierea lui Lazăr, doar în Sf. Ioan și se poate afirma cu siguranță că, dacă aceste două miracole uluitoare s-ar fi petrecut realmente, ar fi fost consemnate în fiecare dintre evanghelii, pentru că ar fi fost cele mai importante miracole înfăptuite de Isus. Trezirea fetei lui Iair[64], pe de altă parte, nu este un miracol. Isus a negat că fata ar fi fost moartă și a spus că aceasta se găsea într-o stare cataleptică.

---

[61] Athenaeus I, 61.
[62] Împărați 2, IV, 42.
[63] N.T.: Luca VII, 11-17.
[64] N.T.: Matei IX, 18-25; Marcu V, 21-43; Luca VIII, 40-56.

Cuvintele pe care i le-a adresat nu erau unele blânde, de exemplu, "Domnişoară, trezeşte-te", ci un ordin scurt, "Talitha! Cumi!" – „Fată! Scoală-te!"[65] Miracolele vindecării şi izgonirii demonilor, pe care acum ar trebui să le numim tratamentul încununat de succes al epilepticului, neurastenicului, sau alienatului, sunt de tipul celor realizate de nenumărate ori prin puterea minţii. Acestea sunt perfect credibile, iar acum ştiinţa nu le consideră în afara legilor naturii. Isus nu considera miracole vindecările pe care le realiza, ci simple vindecări prin credinţă şi obişnuia să spună: "Credinţa ta te-a tămăduit"[66]. Adesea, El nu se arăta dispus să-şi folosească puterile, neîndoielnic, extraordinare. "Pentru ce cere neamul acesta un semn?", întreba El (Marcu VIII, 12). "Neamului acestuia nu i se va da niciun un semn". Era împotriva ideii că revendicările Sale mesianice trebuie confirmate în acest fel şi spunea că tot ceea ce făcuse nu era mai mult decât ceea ce ar fi putut face orice om de o înaltă spiritualitate[67]. În casa Lui, după cum este atât de sincer consemnat, nu exista suficientă încredere în El, pentru ca El să realizeze vindecări remarcabile[68].

De aceea, când avem în vedere miracolele şi întâmplările miraculoase, suntem justificaţi să dăm crezare doar acelora considerate credibile, iar în privinţa ambelor trebuie să ţinem cont de dezvoltarea relatărilor în perioada scursă între viaţa Domnului nostru şi alcătuirea evangheliilor. Această dezvoltare ţine de natura lucrurilor şi nu poate fi trecută cu vederea. În plus, să ne amintim că orice poveste imposibilă de acest gen putea fi spusă pe acea vreme despre Isus, iar probabilitatea de a fi crezută era foarte mare, având în vedere faptul că El era Fiul lui Dumnezeu. Faptul că poveştile cu adevărat incredibile sunt atât de puţine la număr aruncă o lumină bună asupra moderaţiei autorilor evangheliilor.

Gânditorul modern are grijă să se apere de ideea falsă care pretinde că a trecut aşa de mult de la vremea lui Cristos, încât pe

---

[65] Marcu V, 41.
[66] Matei IX, 22.
[67] Marcu XI, 23.
[68] Marcu VI, 5.

atunci se întâmplau lucruri care acum nu se întâmplă. De fapt, în acele zile viața era trăită în aceleași condiții naturale, în care este trăită și în prezent și, pe de altă parte, nouăsprezece secole nu reprezintă multă vreme. Este o perioadă acoperită cu ușurință de 50 de generații, adică, toți strămoșii fiecăruia dintre noi până în zilele Domnului nostru, ar putea fi transportați confortabil, cu un autobuz obișnuit din Londra. Sau, dacă socotim în baza proverbialei durate a vieții, putem spune că Isus nu a trăit cu mai mult de 27 de vieți în urmă. Așadar, orice lucru despre care se spune că s-a întâmplat atunci, trebuie supus testului acelorași legi probabilistice care ar fi aplicate în cazul poveștilor privind evenimente moderne.

CAPITOLUL VII

Crucificarea și jertfa de tip Baraba[69]

Studiul obiceiurilor antice religioase nu furnizează enigmă mai stranie, sau mai complexă, decât aceea a legăturii relatărilor din evanghelii privind Crucificarea Domnului nostru cu ritualurile antice ale sacrificiilor umane. La o primă vedere, relatarea crucificării pare necomplicată și pare să descrie aplicarea de către romani a unei pedepse obișnuite, la moarte pe cruce. Cu alte cuvinte, se pare că Isus a fost executat prin metoda folosită în mod obișnuit de romani în cazul infractorilor din clasa de jos. Însă, dacă ne uităm mai bine descoperim faptul că unele dintre întâmplările principale relatate în evanghelii reprezintă analogii ale ritualilor sacrificiilor umane, așa cum erau practicate de antici. De altfel se poate spune că dacă un scriitor cosmopolit și-ar fi propus să inventeze povestea morții sacrificiale a unui zeu încarnat, despre care se credea că moare pentru iertarea

---

[69] N.T.: *Bar Abba, Fiul Tatălui* în limba aramaică.

păcatelor, ar fi putut produce în baza cunoștințelor sale generale o legendă mai mult sau mai puțin asemănătoare celei din evanghelii.

Acest fapt uimitor a făcut un număr mare de critici să considere întreaga povestire a crucificării un mit. În același timp alții consideră că, deși relatarea execuției lui Isus este corectă în ceea ce privește elementul principal și anume că El a suferit pedeapsa romană la moarte prin crucificare, detaliile reprezintă completări fictive care derivă din cunoașterea ritualurilor și procedurilor obișnuite privind sacrificiile umane, practicate pe atunci în unele părți ale Imperiului Roman. Cu alte cuvinte, potrivit acestor critici, autorii evangheliilor au dorit să arate că sarcina pământească a lui Isus a culminat prin sacrificiul Său, închinat lui Dumnezeu și au elaborat în acest scop o poveste care nu era aceea a unei crucificări ordinare a unui criminal, ci aceea a unui adevărat sacrificiu uman.

Într-adevăr, concluzia inevitabilă este că relatarea pe care ne-o prezintă evangheliile nu reprezintă o crucificare romană obișnuită. Anumite caracteristici o deosebesc de execuțiile pe cruce obișnuite și cinci dintre acestea pot fi amintite aici. Prima, această moarte prin crucificare a fost pedeapsa aplicată unui om a cărui crimă fusese blasfemia și erezia, iar în acest caz pedeapsa era decapitarea, sau lapidarea. A doua, execuția a avut loc în ajunul Paștelui evreiesc și de vreme ce crucificarea era o tortură lentă, adesea trecând mai multe zile până când moartea îl elibera pe cel în suferință, o crucificare obișnuită ar fi fost amânată până după festivități. A treia, în ciuda faptului că era ziua de dinaintea Paștelui evreiesc, alți doi răufăcători au fost crucificați. A patra, în acest caz victima a fost mai înainte gătită ca un Rege, i-a fost așezată pe cap o coroană falsă și i-a fost pus în mână un sceptru fals, iar în inscripția pusă pe cruce El a fost prezentat drept „Regele evreilor". Și ultima, execuția lui Isus a fost precedată de eliberarea unui criminal condamnat, numit Baraba.

După părerea mea, ultima dintre acestea furnizează cheia misterului. În opinia mea Crucificarea lui Isus a fost privită de evrei drept un fel de sacrificiu uman. De aceea asemănarea dintre procedura descrisă în evanghelii și vechiul ritual de sacrificiu, departe de a furniza dovada că povestea a fost inventată, indică faptul că relatarea constituie istorie autentică. Pentru a-mi demonstra însă raționamentul, trebuie să arăt în primul rând că evreii acelor zile practicau un tip de sacrificiu uman anual, prin crucificare, în ajunul Paștelui evreiesc și în al doilea rând, că Isus a fost victima aleasă pentru ceremonia sacrificială din anul respectiv. Chestiunea este de o foarte mare importanță întrucât, dacă am dreptate, argumentul principal avansat de puternica școală care îl consideră pe Isus un personaj mitologic se prăbușește în întregime, sau, mai degrabă, este întors pentru a demonstra realitatea Sa istorică.

În zilele străvechi, în multe ținuturi era o tradiție ca regele sau conducătorul să-și condamne fiul la moarte în chip de sacrificiu adus zeului tribului. Philo din Byblus[70; n76] scrie în cartea sa despre evrei că era uzual ca regele să-și ofere fiul preaiubit, să moară pentru popor, în chip de răscumpărare oferită diavolilor răzbunători și, că victimele erau sacrificate urmând ritualuri mistice. Porphyry[71; n77] ne transmite că istoria Feniciei abundă în astfel de sacrificii și știm că în rândul Canaaniților nu doar regii, ci și oamenii obișnuiți își sacrificau copiii. Printre numeroasele exemple privind acest obicei, pot menționa următoarele cazuri bine-cunoscute. Există o poveste șocantă[72] despre Avraam, care, împins de motive religioase a încercat să-l sacrifice pe fiul său, Isaac. Urmează o altă poveste și mai înspăimântătoare. În încercarea de a face să înceteze foametea, regele David a sacrificat șapte prinți ai casei regale, fii ai regelui Saul, spânzurându-i dinaintea Domnului[73]. Biblia ne spune, de asemenea, că regele Meșa[n78] al Moabului și-a sacrificat fiul cel mare[74], că regele Hiel și-a sacrificat fiii atunci când a fost fondat Ierihonul[75; n79], că regii Ahaz[n80] și Manase[n81]

---

[70] Citat de Eusebius, *Preparatio Evangelica* I, 10-29.
[71] Porphyry, De Abstinentia II, 56.
[72] Geneza XXII, 1-19.
[73] 2 Samuel XXI, 9.
[74] 2 Împărați III, 27.
[75] 1 Împărați XVI, 34.

și-au oferit copiii focului sacrificial[76]. Și există o legendă arabă care spune că Ismail, ca Isaac, a fost aproape de a fi sacrificat de tatăl său[77]. Cartaginezii care veniseră din Siria aveau și ei acest obicei. Hamilcar[n82] și-a sacrificat fiul la asediul orașului Agrigentum[78; n83] și Maleus (un general cartaginez) și-a crucificat fiul în chip de sacrificiu adus lui Baal[79; n84]. Pot fi menționate și cuvintele profetului Mica: "Să dau eu pentru fărădelegile mele pe întâiul meu născut, rodul trupului meu, pentru păcatul sufletului meu?[80]".

În vremurile primordiale, regele era de obicei considerat personificarea zeului tribului, prin urmare tatăl divin al poporului său, iar fiul acestuia care era sacrificat, era astfel „Fiul Tatălui", care se traduce în Ebraică „*Bar Abbas*". Dar, cu dezvoltarea civilizației, regii au fost scutiți treptat de această datorie și în numeroase ținuturi locul prințului era luat de un criminal condamnat la moarte. Astfel, în Sacaea[n85], Babilonia, criminalul era înveșmântat în mantie regală, pentru a reprezenta un prinț, i se punea o coroană pe cap și era biciuit, iar apoi era crucificat, sau spânzurat[81]. În mod similar, în Rodos, era sacrificat un criminal în timpul sărbătorii Croniene[82; n86] care comemora sacrificarea lui Ieoud, fiul lui Cronos[n87]. De aceea, este posibil ca în Palestina timpurie să fi existat o tradiție similară, care impunea sacrificarea unui criminal în locul străvechiului „Fiu al Tatălui" regal, sau *Bar Abbas*.

Sacrificarea unui miel, sau ied, în cadrul marii sărbători ebraice a Paștelui își avea originea, fără niciun dubiu, în sacrificiile umane. Paștele este, în realitate, o sărbătoare a primăverii mult mai veche decât zilele Exodului. Să ne amintim povestea lui Avraam și a lui Isaak, în care Isaak este descris în rolul mielului sacrificial. În cele din urmă acesta este înlocuit cu un berbec. Această tradiție este posibil să fi fost

---

[76] 2 Cronici XXVIII, 3; XXXIII, 6.
[77] Weil, *Biblical Legends of the Mussulmans*, p. 62.
[78] Diodorus, XIII, 86.
[79] Justin, XVIII, 7.
[80] Mica VI, 7.
[81] J. M. Robertson, *Pagan Christs*, p. 145.
[82] Porphyry, *De Abstinentia*, II, 54.

invocată pentru a conferi autoritate punerii animalului în locul victimei umane, având în vedere că punerea unui miel în locul primului născut era clar afirmată de legea Mozaică[83]. De asemenea, sacrificiul fiilor lui Saul care a fost amintit mai sus, poate fi legat de Paștele străvechi, pentru că Biblia spune că ei au fost sacrificați la începutul recoltei de orz, iar această recoltă începe în câmpia Ierihonului și în Valea Iordanului, aproximativ, în timpul Paștelui. Mai există o mărturie în ceea ce-l privește pe un anumit Isus ben Pandira, care a fost lapidat și atârnat de un pom în ajunul Paștelui, în timpul domniei lui Alexandru Ianai, în jurul anului 100 î.Hr.[84].

Avem, astfel, motive întemeiate pentru a presupune că, în timp ce sacrificiile umane străvechi efectuate cu ocazia acestei sărbători importante a primăverii au fost transformate în sacrificarea unui miel, tradiția mai veche a supraviețuit, de asemenea, în formă modificată, executarea unui criminal servind drept sacrificiu uman anual, cu ocazia Paștelui evreiesc. Având în vedere că în timpurile străvechi sacrificiul cel mai eficace era acela al unui prinț și era efectuat de tatăl acestuia, regele, criminalul respectiv era făcut să joace rolul unui personaj regal, ca în Sacaea, Babilonia, fiind desemnat *Bar Abbas*-ul anului. Acest lucru ar putea explica remarca atribuită lui Caiafa[85; n88] privind faptul că se obișnuia, după cum se pare, ca de Paște[86] să fie sacrificat un om pentru binele poporului și ar putea explica, de asemenea, povestea bizară a lui Baraba.

Frazer[87] a subliniat faptul că „Baraba" nu era, cu siguranță, numele personal al unui criminal. Acesta era numele tradițional pentru victima unui sacrificiu uman anual, sau, mai degrabă a execuției la nivelul căreia decăzuse sacrificiul. Există dovezi că folosirea acestui nume supraviețuise chiar până după timpul lui Cristos, pentru că Filon

---

[83] Exodul XXXIV, 20.
[84] Vezi Capitolul II.
[85] Ioan XI, 50.
[86] Ioan XI, 55.
[87] Frazer, *Golden Bough*.

Iudeul[88; n89], care a scris pe timpul lui Agrippa[n90], în jurul anului 40 d. Hr., relatează faptul că oamenii din Alexandria pregăteau un bătrân nebun, îi puneau o coroană falsă pe cap, un sceptru în mână, o robă purpurie peste trup şi îl aclamau în calitate de *Karabbas*, în mod clar, o formă greşită a lui Baraba şi în calitate de *Maris*, cuvântul Sirian care desemna un personaj regal.

În povestirea evanghelică, evreii par a-i cere lui Pilat să-l elibereze pe criminalul ales să fie Baraba în anul respectiv, conducătorul unei revolte uitate, în speţă. Deşi semnificaţia întâmplării nu pare să fi fost înţeleasă pe vremea când a fost consemnată, concluzia este că Isus a fost pus în locul acestui om, în calitate de „Baraba" al anului respectiv. În execuţiile de tip „Baraba" se pare că victima era întotdeauna încoronată şi îmbrăcată ca un personaj regal, după cum a fost menţionat în cazul de mai înainte, citat de Filon Iudeul. În legenda lui Cronos, Ieoud a fost îmbrăcat în haine regeşti înainte de a fi sacrificat. În Sacaea, Babilonia, victima era îmbrăcată şi încoronată în mod asemănător. Cartaginezul Maleus şi-a îmbrăcat fiul regeşte înainte de a-l crucifica. Se clarifică, prin urmare, semnificaţia îmbrăcării Domului nostru în veşminte regale şi a inscripţiei „Regele Iudeilor".

Victimele acestor sacrificii umane erau, în general, crucificate, sau erau omorâte în alt mod şi apoi erau „spânzurate de un pom" până seara, cum se întâmplă în diferitele spânzurări înaintea Domnului menţionate în Biblie[89]. În acest sens, este interesant de observat faptul că în Faptele Apostolilor[90] scriitorul vorbeşte în mod greşit despre Isus, spunând că a fost ucis şi spânzurat de un pom, ca şi cum aceasta ar fi fost expresia care i-a venit imediat în minte. Cuvântul „spânzurat" este frecvent folosit în limba greacă pentru a denota crucificarea[91]. În pădurile sacre din Uppsala, bărbaţii erau sacrificaţi prin spânzurarea de arborii sacrii. Vechii Gali crucificau fiinţele umane care erau

---

[88] Filon Iudeul, *Against Flaccus*, cap. 6.
[89] 2 Samuel XXI, 9; Iosua VIII, 29; Iosua X, 26; etc.
[90] N.T.: Faptele Apostolilor V, 30, în Versiunea Standard Engleză şi Berean Study Bible.
[91] Frazer, *Golden Bough*, I, 226, notă.

sacrificate zeilor lor. În Sacaea, Babilonia, victima era crucificată. Cartaginezul Maleus şi-a sacrificat fiul prin crucificare. Isus ben Pandira a fost spânzurat de un pom. Şi aşa mai departe. Deşi un singur bărbat îl reprezenta pe *Bar Abbas*, se obişnuia să fie sacrificaţi şi alţii împreună cu acesta, pentru că în timpurile străvechi era uzual să fie omorâte persoane cu ocazia unei morţi importante, astfel încât sufletele lor să îşi însoţească prinţul pe lumea cealaltă[92]. Prin urmare, doi oameni au fost crucificaţi cu Isus, iar evangheliile menţionează în mod clar că unul a fost pus în dreapta Sa şi celălalt în stânga Sa, ca şi cum l-ar fi însoţit. În plus, într-un fragment din Ctesias[n91], este consemnat faptul că uzurpatorul egiptean Inaros[n92] a fost crucificat de Artaxerxes[n93] între doi hoţi. Iar Hitzibouzit, un sfânt Persan, dintr-o perioadă necunoscută, se spune că a fost oferit în chip de sacrificiu între doi răufăcători, pe vârful unui deal, orientat spre soare[93].

În concluzie, dacă este acceptată această teorie, se explică faptul că Domnul nostru a fost crucificat şi nu decapitat ca Ioan Botezătorul, se clarifică motivul pentru care El a fost executat în ajunul Paştelui evreiesc, se demonstrează scopul îmbrăcării Sale în roba regală, se clarifică semnificaţia eliberării lui „Baraba" şi se justifică prezenţa celor doi tâlhari. Este înlăturată, astfel, argumentarea care susţine că relatarea crucificării, aşa cum se găseşte în evanghelii, este prea asemănătoare unui sacrificiu uman pentru a fi crezută. A fost un sacrificiu uman.

---

[92] Vezi, spre exemplu, Herodot, IV, 71.
[93] Conybeare, *Apology and Acts of Apollonius*, p. 270.

CAPITOLUL VIII

Alte caracteristici ale crucificării

În capitolul precedent am încercat să arăt faptul că relatarea crucificării, aşa cum apare în Evanghelii, prezintă anumite detalii care sunt cel mai bine explicate de supoziţia că Isus a fost crucificat în chip de *Bar Abbas* al anului respectiv. Dar, având în vedere faptul că pe vremea aceea, acest *Bar Abbas* era mereu un criminal condamnat, dezonoarea execuţiei nu era diminuată, iar la început nici caracterul sacrificial al morţii Lui nu reprezenta o consolare pentru ucenici. Pe vremea lui Cristos crucificarea răufăcătorilor precedată de biciuire era modalitatea obişnuită de execuţie pe care o foloseau romanii în cazul sclavilor şi al criminalilor deosebit de ticăloşi. Ruşinea acestei pedepse trebuie să fi fost foarte amară, în ciuda faptului că evreii îi conferiseră acest aspect sacrificial. Treptat, însă, credincioşii au început să atribuie un înţeles simbolic acestor evenimente. Chiar dacă această interpretare, influenţată atât de concepţia ne-evreilor cât şi de cea a evreilor, aparţine unei perioade care avea să urmeze la câţiva ani, ar trebui menţionate aici unele caracteristici ale execuţiei care au deschis calea speculaţiilor religioase.

În primul rând, faptul că Isus fusese omorât prin expunerea pe o cruce, sau, după cum se spunea, prin spânzurarea de un pom. Crucea a fost folosită ca obiect de cult cu mult înaintea erei creştine. Aşa cum în Egipt obeliscul nu era doar un simbol al zeului-soare, dar şi un zeu-în-sine şi crucea era, în sine, o divinitate. Trunchiul unui arbore cu, sau fără crengi, era închinat multor zei. În cazul cultului lui Attis efigia zeului era atârnată de pinul lui sacru cu ocazia comemorării morţii lui, când trunchiul arborelui însuşi era înfăşurat în pânză şi tratat ca un obiect de cult[94]. Trunchiul unui arbore închinat lui Osiris era împodobit

---

[94] Frazer, *Adonis, Attis, Osiris*, p. 166.

cu pânză şi dus în templu[95], având în vedere că în baza tradiţie trupul îi fusese expus pe un astfel de arbore.

Un exemplu clar de venerare a crucii, sau arborelui ca zeu în sine, poate fi întâlnit în poemul, în parte păgân, în parte creştin care este inscripţionat pe crucea anglo-saxonă timpurie din Ruthwell[n94], Dumfriesshire[96]. În acest poem crucea este făcută să spună: "L-am înălţat pe marele Domn al Cerului, iar ei ne-au ocărât pe amândoi. Pe mine, înroşită de sângele scurs din coasta omului şi pe Cristos, care era pe cruce. Apoi, cei nobili au venit mâhniţi la El, iar eu, care am văzut tot, am fost copleşită de durere". Într-adevăr, pe primele crucifixe ale bisericii, Isus nu era reprezentat ca un bărbat gol, mort, sau pe moarte. El era reprezentat ca o divinitate glorioasă, viu şi înveşmântat într-o robă, ceea ce sugerează faptul că din pricina rezistenţei tradiţiei păgâne El era, într-un fel sau altul, identificat cu vechea divinitate a crucii sau cu pomul însuşi.

În capitolul anterior a fost arătat că sacrificarea prin crucificare era folosită în multe ţinuturi în cadrul ceremoniilor sacre ale sacrificiilor umane, ca şi cum ar fi avut o semnificaţie religioasă deosebită. Exemplelor citate atunci l-aş putea adăuga pe acela al lui Cirus, care fusese considerat Mesia de către evrei la un moment dat şi care, potrivit unei relatări, fusese crucificat[97]. Şi Lucan ne spune că Prometeu, a cărui istorie legendară oferă exemplul cel mai faimos al unui zeu păgân care a suferit pentru omenire, a fost crucificat[98]. De fapt, interpretarea crucificării nu în sens de pedeapsă, ci de îndurare pioasă a suferinţei, era atât de răspândită încât cuvântul era folosit cu mult înainte de timpul lui Cristos în legătură cu toate tipurile de suferinţe şi chinuri, fără nicio referire la dezonoare. Aşadar, atunci când Sf. Pavel a vorbit despre „predicarea crucii", s-a referit la predicarea doctrinei suferinţelor cu caracter religios şi a durerii, asemenea celor îndurate de victima sacrificială. Probabil că el a folosit

---

[95] Firmicus Maternus, *De errore profanarum religionum*, XXVII, 1.
[96] Weigall, *Wanderings in Anglo-Saxon Britain*, p. 140.
[97] Diodorus Siculus, II, 44.
[98] J. M. Robertson, *Pagan Christ*, p. 167, nota 5.

expresia știind că este înțeleasă perfect de mințile păgânilor, crucificarea fiind un loc comun teologic. Și atunci când a scris: "O, galateni nechibzuiți! Cine v-a fermecat pe voi, încât să nu vă supuneți adevărului, înaintea ochilor cărora a fost zugrăvit Isus Cristos ca răstignit[99]", a spus, de fapt: "De ce nu înțelegeți adevărul, atunci când vedeți că Isus Cristos a îndurat ritualul tradițional al suferinței sacrificiale prin crucificare, pe care știți că toate religiile îl cer?"

Ajungem, în continuare, la chestiunea ruperii picioarelor celor doi tâlhari și la intenția de a le rupe și pe ale lui Isus, care a fost abandonată fiindcă El murise între timp. Ruperea picioarelor în crucificare criminalilor era un mijloc de scurtare a vieții victimei. Crucificarea însemna legarea unui om pe o cruce, sau de un pom, pentru a-i provoca moartea din cauza expunerii și a efortului, în general, în decursul multor zile. Îi erau legate mâinile și, câteodată, erau fixate în cuie pe traversă, sau crengi. Picioarele îi stăteau pe o parte ieșită în afară față de stâlpul vertical, sau trunchi. Câtă vreme picioarele erau suficient de puternice pentru a susține trupul, nu exista nicio cauză directă de moarte. Însă, dacă erau rupte picioarele, toată greutatea corpului ajungea să depindă de brațe și funcționarea inimii înceta curând, moartea survenind fără „vina sângelui", vină care s-ar fi manifestat dacă i-ar fi fost aplicată o lovitură mortală.

Faptul că Isus suferise în ajunul Paștelui evreiesc, coroborat cu faptul că a fost evitată ruperea picioarelor sale, având în vedere că murise atât de repede pe cruce, trebuie să fi dat ocazia unui întreg șir de speculații. Coincidența L-a identificat cu mielul Pascal, care era sacrificat în mod tradițional pentru iertarea păcatelor în ajunul Paștelui evreiesc și ale cărui oase era interzis să fie rupte. Am indicat deja faptul că în cadrul Paștelui evreiesc străvechi era, probabil, sacrificată o victimă umană, în locul căreia, mai târziu, a fost pus un miel. În cadrul sacrificiilor umane era un obicei larg răspândit să fie rupte membrele victimei pentru ca aceasta să nu se zbată și să lase impresia unei morți voluntare, considerându-se esențial ca „victimele

---

[99] Galateni, III, 1.

sacrificiale să accepte sacrificiul"¹⁰⁰. Atunci când în locul fiinţei umane îngrozite era pus un animal căruia nu i se dădeau motive de nelinişte, adesea, nu era întâmpinată nicio împotrivire şi de aceea legea a putut stabili că membrele nu trebuie să fie rupte. Astfel, Isus a părut să fie sacrificiul Pascal *par excellence*, oferit pentru mântuirea omului, fără rezistenţă, fără ruperea oaselor şi toate semnificaţiile mistice ale acelui sacrificiu voluntar i-au fost aplicate Lui.

A mai fost şi faptul că Isus a fost împuns cu lancea în zona coastelor. De fapt, un soldat l-a înţepat doar într-o parte pentru a se asigura că este mort, în acelaşi mod în care Panteus înţepase trupurile lui Cleomenes[n95] şi ale tovarăşilor acestuia pentru a vedea dacă mai aveau viaţă¹⁰¹. Trebuie reamintit că a fost extrem de remarcabil faptul că Isus a murit atât de repede, în condiţiile în care victimele crucificărilor se chinuiau, în general, zile întregi. A fost consemnat cazul unui anume Mansur al-Hallaj, un Sufi din secolul al IX-lea d.Hr., care a stat pe cruce prins în cuie timp de patru zile, după care a fost dat jos pentru că fusese graţiat, fără a se simţi foarte rău în urma acelei experienţe. De aceea, soldatul l-a înţepat pe Isus cu lancea pentru a se asigura că nu mai era în viaţă.

Însă adepţii ne-evrei ai Domnului nostru trebuie să fi văzut în această întâmplare încă un indiciu al faptului că El reprezenta într-adevăr un sacrificiu mistic, pentru că provocarea unei astfel de răni unei victime sacrificiale era un obicei larg răspândit. Strabon[n96] ne spune¹⁰² că albanezii primitivi sacrificau zeiţei-lună o victimă umană, căreia îi străpungeau coasta cu o suliţă sacră. Şi în Salamis[n97], în cadrul sacrificiului de primăvară, victima era sacrificată în mod similar, folosind o lance¹⁰³. În cadrul sacrificiilor umane închinate lui Odin, victimele erau spânzurate de pomul sacru şi atunci când mureau erau

---

¹⁰⁰ Tertulian, *Ad Scapulam*, 2. Vezi şi Macrobius, Sat., III, 5 şi Lucan, Pharsalia, I, 611.
¹⁰¹ Vieţile lui Plutarh, *Cleomenes*.
¹⁰² Strabo XI, 4, sec. 7.
¹⁰³ Eusebius, Preparatio Evangelica, IV, 16.

străpunse cu o suliță[104]. Iar în cultul lui Mitra, taurul, identificat cu însuşi Mitra era înjunghiat în coastă, după cum se poate observa în bine-cunoscutele sculpturi mitraiste[105].

Pentru ca cititorul să poată înțelege bine argumentarea celor care consideră că Isus nu a existat, permiteți-mi să recapitulez caracteristicile poveştii Crucificării (discutate în acest capitol şi în cel precedent), pe care o pun în legătură cu sacrificiile umane şi care, prin urmare, pare să indice pentru unii critici faptul că întreaga poveste a fost o invenție inspirată de cunoştințele autorilor privind procedura sacrificială. Aceste caracteristici sunt (1) moartea prin crucificare, (2) în ajunul Paştelui evreiesc, (3) împreună cu alte două victime, câte una în fiecare parte, (4) după îmbrăcarea în haine regale, (5) eliberarea unui prizonier, numit Baraba şi, de asemenea, (6) intenția de a rupe picioarele victimei, combinată cu (7) străpungerea unei coaste cu lancea. Toate aceste caracteristici sunt atât de bine cunoscute în cadrul ritualurilor sacrificiilor umane, încât atitudinea acestor critici nu este surprinzătoare. Eu afirm, însă, că primele cinci reprezentau caracteristici ale sacrificiului *Bar Abbas* şi că următoarele două erau întâmplări obişnuite, care se aseamănă prin coincidență cu practicile din ceremoniile sacrificiale.

În orice caz, nu poate exista niciun dubiu cu privire la faptul că primii creştini, chiar înainte de timpul Sfântului Pavel[106], ajunseseră să considere Crucificarea sacrificială. De altfel, propovăduirea lui „Cristos Crucificat" era una dintre caracteristicile principale ale noii religii. Iudaismul şi păgânismul sădiseră în mințile oamenilor un sentiment de teamă reverențioasă în fața crucii, în calitate de obiect divin străvechi şi îi familiarizaseră cu ideea unei divinități crucificate sacrificial, iar Isus crucificat a luat treptat locul lui Isus care predică, în calitate de centru al religiei.

În ziua de astăzi, totuşi, laicul care gândeşte se concentrează mai puțin pe Dumnezeu-încarnat, ucis în chip sacru şi se interesează din ce

---

[104] Frazer, *Adonis Attis Osiris*, p. 186, nota 6.
[105] British Museum şi în alte locuri.
[106] 1 Corintieni XV, 3.

în ce mai mult de Isus-omul, cel care ne învaţă adevărurile divine, exemplul suprem al vieţii perfecte, care a sfidat moartea pentru înălţarea omenirii. Crucificarea Lui, pe care teologia o consideră scopul sacru al încarnării Sale, începe să fie considerată, pur şi simplu, rezultatul inevitabil al opoziţiei sale îndrăzneţe în faţa religiei tradiţionale şi momentul încoronării eroismului Său. Astfel, aceia care consideră viaţa Domnului drept un exemplu de urmat şi situează în plan secund moartea Lui drept ispăşire mistică a păcatelor, au tendinţa să vadă o oarecare regresie mentală în caracterul sfânt pe care Biserică îl atribuie crucii. Venerarea crucifixului, asemenea triplei venerări concomitente practicate de aceasta, sunt prea strâns legate de păgânism pentru a se ridica la standardul intelectual cerut de o religie modernă.

CAPITOLUL IX

Învierea

Orice persoană care studiază şi înţelege mentalitatea oamenilor din secolul I, va realiza faptul că primii creştini Îl considerau pe Isus Fiul încarnat al lui Dumnezeu în mare măsură pentru că erau convinşi că, după ce fusese crucificat sacrificial, trupul Lui mort reînviase. Cât timp El fusese cu ei, ucenicii Săi îl consideraseră Fiul lui Dumnezeu, în sensul că El era Mesia trimis de Dumnezeu, sau Cristos. Atunci, însă, când le-a apărut în carne şi oase după ce Îl văzuseră murind pe cruce, au fost înflăcăraţi de convingerea că El era divin, deşi diferit de Dumnezeu, având în vedere că în atât de multe religii din perioada respectivă zeul încarnat trebuia să moară şi să se reîntoarcă la viaţă, în mijlocul bucuriei generale.

În ziua de astăzi, cu aproape 2000 de ani mai târziu, s-a schimbat punctul de vedere. Îl considerăm divin pe Isus Cristos datorită perfecțiunii vieții și învățăturilor Sale. În plus, în timp ce convingerea că eu-ul Său spiritual s-a reîntors la Dumnezeu este esențială pentru credință, întrebarea dacă trupul Lui, diferențiat de entitatea spirituală, s-a întors într-adevăr la viață după ce murise, nu are o importanță extraordinară. Nimeni care judecă nu crede acum că Isus s-a înălțat în Ceruri cu „corpul Lui, cu carnea, oasele și toate cele ce aparțin naturii umane concrete", după cum spune învechitul articol al IV-lea din Cartea de rugăciune anglicană. Creștinii moderni cred în înălțarea spirituală, nu în înălțarea trupului. De aceea învierea corpului Domnului nostru devine relativ neimportantă, pentru că, în momentul înălțării Sale spirituale, corpul Său ar fi murit oricum, sau ar fi fost înlăturat.

Credința Bisericii creștine în ziua de astăzi este următoarea: Isus a suferit o moarte temporară pe cruce în ziua de vineri și a fost depus în mormânt în seara aceleiași zile; a înviat și a părăsit mormântul Duminică, înaintea zorilor; în timpul următoarelor aproximativ 40 de zile[107] a fost văzut în carne și oase, după care s-a înălțat spiritual la Cer, în vreme ce corpul său mortal s-a dezintegrat, sau a fost înlăturat.

Evreii consideră că trupul Său a fost furat din mormânt și că poveștile aparițiilor Sale ulterioare sunt fictive. Și Tertulian[108] (născut în anul 160 d.Hr., aproximativ) consemnează relatarea că trupul ar fi fost mutat de omul care se ocupa de grădina în care era amplasat mormântul astfel încât eventualii vizitatori ai mormântului să nu-i strice lăptucile. Mohamedanii cred că un om care Îi semăna a fost crucificat în locul Lui și că Isus a supraviețuit. Această dogmă este consemnată în Coran[109] și se pare că a fost împrumutată de la Basilideeni[n98], care afirmau că omul pus pe cruce în locul lui Isus fusese, cu siguranță, Simon din Cyrene[n99]. Dar majoritatea detaliilor poveștii, după cum este relatată în evanghelii, sunt verosimile și un

---

[107] Faptele Apostolilor I, 3.
[108] Tertulian, *De Spectaculis*.
[109] Coran, Sura IV.

critic imparțial cu greu ar putea să nu creadă că Isus a apărut într-adevăr în carne și oase după Crucificare. Să recapitulăm aceste întâmplări, după cum ne sunt prezentate în Noul Testament.

Pilat nu a vrut să-l condamne pe Isus, iar centurionul care avea responsabilitatea pregătirilor Îl simpatiza. După ce Isus a stat relativ puțin pe cruce, i-a fost dat să bea ceva și a murit aproape imediat. Iosif din Arimateea[n100], un ucenic secret, s-a dus imediat la Pilat și a cerut permisiunea de a-L coborî de pe cruce. Pilat a fost surprins să audă că El murise atât de repede pentru că, după cum a fost menționat, victimele crucificării se chinuiau, de obicei, timp de mai multe zile. De aceea, el a întrebat și centurionul, care a răspuns că Isus murise într-adevăr. După aceea l-a autorizat pe Iosif să coboare trupul.

Potrivit evangheliei, Iosif a fost ajutat de Nicodim[n101] (un alt ucenic secret). L-au învelit pe Isus cu o pânză și l-au depus, temporar, într-un mormânt nou, săpat într-o stâncă, în cadrul unei grădini retrase, după care au rostogolit o piatră mare în dreptul intrării. Femeile din cortegiul lui Isus, văzând unde a fost depus, s-au dus acasă și au pregătit săpunul și esențele folosite de obicei la spălarea mortului, în ideea de a îngropa trupul cum se cuvine imediat după Sabat (Sâmbătă). Între timp, în baza Evangheliei după Sf. Marcu, ultima dintre evangheliile sinoptice, la mormânt fusese instituit un corp de gardă format din mai mulți soldați, ca nu cumva ucenicii să fure trupul. Este, însă, posibil ca acest detaliu, care este omis în relatările timpurii, să nu fie autentic.

În dimineața zilei de Duminică, înainte de zorii zilei, cele două Marii și alte câteva persoane s-au dus la mormânt pentru a spăla trupul și au găsit piatra rostogolită din dreptul intrării. În prima dintre evanghelii, aceea după Sf. Marcu, au văzut „un bărbat tânăr, așezat în partea dreaptă, îmbrăcat cu o haină lungă și albă". În Evanghelia după Sf. Ioan, acest bărbat este înlocuit de două forme îngerești, în alb. În Evanghelia după Sf. Luca se spune că acele forme îngerești purtau robe strălucitoare. Iar în ultima evanghelie sinoptică, aceea după Sf. Matei, scrisă la 70, sau 80 de ani după întâmplare, cele două forme s-au transformat în îngeri veritabili, cu fețe ca fulgerul și robe albe ca zăpada. Potrivit relatării din Sf. Marcu, următoarele cuvinte au fost adresate femeilor înfricoșate: *"Nu vă înspăimântați! Căutați pe Isus din Nazaret, care a fost răstignit. A înviat, nu este aici; iată locul unde Îl puseseră. Dar duceți-vă de spuneți ucenicilor Lui și lui Petru că merge înaintea voastră în Galileea; acolo Îl veți vedea, cum v-a spus"*[110].

Sf. Marcu spune că apoi femeile au fugit și nu au îndrăznit să spună nimănui ceea ce văzuseră, iar mai târziu, în cursul zilei, Maria Magdalena L-a văzut într-adevăr pe Isus, dar nu a fost crezută de ucenici atunci când le-a povestit întâmplarea. Evanghelia după Sf. Luca povestește, de asemenea, faptul că femeile le-au spus ucenicilor și că aceștia manifestau îndoială, dar că Petru s-a dus apoi la mormânt și a văzut înăuntru pânza în care El fusese învelit. Evanghelia după Sf. Matei spune că femeile l-au văzut pe Isus lângă mormânt și că El le-a spus: *"Nu vă temeți; duceți-vă de spuneți fraților Mei să meargă în Galileea; acolo Mă vor găsi"*[111].

Evanghelia după Sf. Ioan furnizează o relatare diferită. Maria Magdalena a ajuns prima la mormânt, după care a fugit și le-a spus, lui Petru și Ioan, că trupul lui Isus a fusese mutat, dar că nu știa unde anume. În continuare, cei doi bărbați s-au dus la mormânt și Petru a văzut acolo pânza în care El fusese învelit și batista care îi acoperise fața împăturită și pusă separat. La întoarcere, Maria a văzut cele două forme îngerești, după care, întorcându-se într-o parte, a văzut un bărbat despre care a crezut că este grădinarul și i-a spus, "Dacă L-ai mutat, spune-mi unde L-ai pus". Totuși, presupusul grădinar a revelat faptul că este însuși Isus, evident, îmbrăcat în hainele muncitorului respectiv.

În zilele noastre, mulți critici au catalogat aceste povestiri drept ficțiune pură, dar mie îmi par autentice în mod palpabil. Ele arată că Isus nu trecuse în lumea de dincolo, pe cruce, dar, afundat fiind într-o stare identică cu moartea, fusese dus la mormânt, unde își revenise și unde, probabil, îi fuseseră date hainele cuiva, fapt care a condus la confundarea Sa cu grădinarul. În acest caz, presupusele forme

---

[110] Marcu XVI, 6, 7.
[111] Matei XXVIII, 10.

îngerești văzute de cele două Marii, puteau fi oamenii care Îl ajutaseră pe Domnul nostru în timpul nopții. În susținerea acestei teorii trebuie observat faptul că El nu fusese rănit în mod semnificativ la crucificare. Nu se obișnuia să fie bătute cuie în picioare pentru că victima stătea, de obicei, pe o parte a crucii care ieșea în afară, iar Evanghelia după Sf. Ioan spune că i-au fost rănite mâinile, nu picioarele. În general, brațele victimei erau legate de cruce, iar dacă erau bătute cuie în mâini, acest lucru era făcut doar pentru a spori batjocura, având în vedere că era vorba de câte un cui mic, înfipt în carnea fiecărei palme, între degete, fără a provoca răni deosebite. Un soldat îl înțepase în coastă pe Domnul nostru pentru a vedea dacă murise, însă și acestă rană este posibil să fi fost superficială, iar din alte puncte de vedere, ar fi fost doar puțin vătămat de scurta expunere pe cruce.

Această teorie nu este atât de eretică precum pare și, chiar dacă creștinul obișnuit va obiecta, spunând că învierea Domnului nostru din morți este baza credinței, o considerare atentă va releva faptul că nicio credință bazată pur și simplu pe aparenta reînviere a unui corp mort, nu ar merita atenție. De fapt, pentru omul religios cu minte modernă, diferența este mică, dacă spune precum ortodoxii că Isus a murit temporar, iar după câteva ore s-a reîntors la viață sau, dacă spune, asemenea criticilor, că El a trecut într-o stare care nu putea fi deosebită de moarte, iar apoi s-a reîntors la viață. Ideea sacrificiului său eroic suprem rămâne neafectată, pentru că El se aștepta la moarte, cu siguranță. Nu este afectată nici interpretarea cu tentă mistică a Patimilor, pentru că nici măcar știința modernă nu poate preciza diferența dintre moarte și starea asemănătoare morții, înainte de apariția necrozei.

Evangheliile încep apoi să relateze modul în care El le-a apărut ucenicilor și cum aceștia stăruiau asupra faptului că El era viu și nu era pur și simplu o existență spirituală. Evanghelia după Sf. Marcu spune că El a fost văzut de doi oameni care treceau prin zonă, iar apoi, de cei unsprezece ucenici care se întâlniseră pentru cină. Evanghelia după Sf. Ioan ne relatează că El le-a apărut celor unsprezece, cărora li s-a mai înfățișat încă o dată, cu opt zile mai târziu. Sf. Luca ne relatează drumul Lui la Emaus[112], împreună cu cei doi oameni şi cum a ajuns la discipoli, la cină. Această relatare relevă faptul că El a făcut eforturi pentru a-i convinge că era viu, spunând: *"Pipăiţi-Mă şi vedeţi: un duh n-are nici carne, nici oase, cum vedeţi că am Eu"*[113]. El i-a întrebat, apoi, cum ar fi făcut un om în afara legii, înfometat, dacă nu aveau să-I dea ceva de mâncare, iar ei I-au dat nişte peşte şi nişte miere. După ce a mâncat, El i-a condus până în Betania, la 3 kilometri de Ierusalim, iar apoi a plecat.

Evanghelia după Sf. Matei spune că El a stabilit o întâlnire pe dealurile Galileei şi că s-a întâlnit cu ei acolo. Iar în Faptele Apostolilor ni se spune că El le-a predicat şi a rămas în legătură cu ei timp de aproximativ 40 de zile, în vreme ce Sf. Pavel spune că 500 de persoane L-au văzut în acelaşi timp[114]. Însă ultima apariţie descrisă în detaliu, este aceea consemnată în Evanghelia după Sf. Ioan, când, într-o dimineaţă, devreme, ucenicii care pescuiau în lacul Tiberias (Marea Galileei) L-au văzut pe ţărm, iar El le-a cerut mâncare. În mod evident, nu era vorba de un spirit, era un bărbat care se ascundea, iar ultima imagine pe care o avem despre El, ni-L înfăţişează acolo, gătind nişte peşte, la foc, în lumina zorilor.

Aceasta este povestea detaliată aşa cum apare în evanghelii, care urmăreşte să demonstreze că El era în viaţă. După părerea mea, ea dovedeşte acest lucru, însă ceea ce s-a întâmplat în continuare rămâne un mister. Creştinul ortodox are dreptul să afirme că partea Lui divină, spirituală, s-a înălţat imediat la Dumnezeu, însă, fie că acest lucru s-a produs de îndată, fie nu, corpul Lui pieritor, trebuie să fi murit şi să se fi întors în ţărână. Pentru noi contează reînvierea şi înălţarea Lui spirituală, în credinţa că pe pământ şi în ceruri fiinţa Lui divină este eternă.

---

[112] N.T.: Luca XXIV, 13-35.
[113] Luca XXIV, 39.
[114] Corintieni 1, VX, 6.

CAPITOLUL 10

Înălțarea și mesianismul

Dacă povestea pe care o spuneau primii creștini despre Domnul ar fi limpezită de coloraturile și înfrumusețările pe care aceștia i le-au adăugat în fervoarea iubirii și exaltării, aceasta ar fi, aproximativ, următoarea. Adoratul și veneratul Isus colindase țara predicând și vindecând bolnavii într-o manieră dumnezeiască și în cele din urmă recunoscuse că El era Mesia cel promis. Fusese numit Mântuitorul național de ucenicii lui, dar, spre amara lor dezamăgire, intrarea Lui în Ierusalim nu impresionase cea mai mare parte a mulțimii, fusese arestat și crucificat în ajunul Paștelui evreiesc, lucru care le transformase speranțele în disperare și perplexitate. Îl văzuseră murind pe cruce în după-amiaza acelei zile de vineri, dar, în cea de-a treia zi, în dimineața zilei de Duminică, mormântul în care El fusese depus fusese găsit deschis, iar la scurt timp El apăruse în fața lor, în viață. După aceea, Îl văzuseră în repetate ocazii, iar El le vorbise și le explicase faptul că vechile profeții dispuneau ca Mesia să fie respins și executat. Astfel, lor le fuseseră deschiși ochii, mâhnirea lor fusese transformată în bucurie și realizaseră că El era într-adevăr Cristos. Mai târziu, s-ar părea în Galileea, fusese văzut de sute de oameni. Dar, în cele din urmă, îi părăsise și în ciuda faptului că doi mesageri trimiși de El veniseră și le spuseseră că urma să se întoarcă[115], nu se mai întorsese niciodată.

Aceasta este povestea istorică de bază pe care a fost fondată credința și ea conține două aspecte care trebuie să fie luate în considerare în acest moment. Este vorba despre Înălțare și despre împlinirea profețiilor mesianice. Înălțarea nu este menționată în primele scrieri creștine, adică în Epistole și nici în cea dintâi

---

[115] În Faptele Apostolilor I, 10, este prezentată versiunea acestei întâmplări, care circula cu 50 – 70 de ani mai târziu.

evanghelie, aceea după Sf. Marcu, întrucât cuvintele „El a fost primit sus, în cer"[116], sunt destul de vagi şi sunt cuprinse în ultimele 12 versete pe care practic toţi cercetătorii Bibliei le consideră nişte adaosuri târzii[117]. Evanghelia după Sf. Matei şi Evanghelia după Sf. Ioan nu menţionează Înălţarea. Aceasta este consemnată doar în scrierile atribuite Sfântului Luca, sau în Evanghelia cu acelaşi nume şi în Faptele Apostolilor, care datează amândouă din jurul anului 100 d.Hr.. În evanghelie se relatează că Isus şi-a binecuvântat ucenicii şi „a fost despărţit de ei", adăugându-se, probabil, ca o presupunere faptul că El a fost luat sus, în cer[118]. În Faptele Apostolilor se spune limpede că El a fost luat sus în prezenţa ucenicilor săi şi s-a înălţat până când *„L-a ascuns un nor, iar ei au rămas, cu ochii pironiţi pe cer"*[119].

Faptul că există doar o singură consemnare clară a Înălţării şi aceasta se găseşte în cadrul unei lucrări care a fost scrisă undeva între 50 şi 70 de ani după presupusul eveniment, trebuie să dispună la multă prudenţă în acceptarea relatării. Dubiile sporesc la realizarea faptului că o astfel de înălţare în cer constituia sfârşitul tipic al legendelor vieţilor zeilor păgâni şi avusese loc şi la sfârşitul vieţii legendare a lui Ilie[120]. Şi despre zeul Adonis, a cărui venerare înflorise pe pământurile unde apăruse creştinismul, se credea că se înălţase la cer după înviere, în prezenţa discipolilor săi[121]. În mod asemănător se înălţaseră în ceruri Dionis, Heracle, Hiacint[n102], Krişna, Mitra şi alte zeităţi.

Dar, dacă Isus nu s-a înălţat la cer într-un anumit moment, care a fost sfârşitul Său? Unii critici presupun că El a continuat să trăiască retras şi că El chiar a fost văzut de Sf. Pavel cu ocazia întâlnirii, care este considerată în mod obişnuit doar o viziune, posibil să fi avut loc la

---

[116] Marcu XVI, 19.
[117] Nici episcopul Goodwin (Foundations of the Creed, p. 195), scriitor ortodox, nu acceptă opinia protopopului Burgon (The Last Twelve Verses of St. Mark), că sunt autentice.
[118] Luca XXIV, 50, 51.
[119] Faptele Apostolilor I, 9-12.
[120] 2 Împăraţi II, 11.
[121] Lucian, *De Dea Syria*, cap. 6.

doi, trei ani după Crucificare. În susținerea acestei teorii trebuie consemnat faptul că povestirile relatate în Faptele Apostolilor (80-100 d.Hr.)[122] cu privire la o viziune însoțită de o lumină orbitoare, nu se potrivesc între ele. De aceea par a fi parțial fictive, cu toate că însuși Sf. Pavel, care scrisese cu o întreagă generație înainte (52-64 d.Hr.), menționează faptul că „Îl cunoscuse pe Isus în carne și oase"[123] și adaugă această apariție celor survenite primilor ucenici[124]. În plus el declară că primise instrucțiunile direct de la Isus[125]. Mai mult decât atât, Suetoniu declară că în timpul domniei lui Claudius, care a început în 41 d.Hr., unii evrei fuseseră alungați de la Roma fiindcă provocaseră dezordine publică la îndemnul unui anume *Chrestus*. *Chrestus* se presupune că reprezintă o scriere greșită a lui *Christus*, Cristos. Acest lucru poate însemna că o persoană, considerată Cristos-ul, sau Mesia, se găsea pe atunci în Roma și că persoana respectivă era Isus în persoană, având în vedere că acest lucru se întâmpla la doar unsprezece ani după Crucificare.

Totuși este mai probabil ca experiența Sfântului Pavel să fi avut caracter de viziune și ca ultima apariție consemnată a lui Isus în carne și oase să se fi produs la nu mai mult de câteva săptămâni după Crucificarea Sa și după cum am mai menționat în cadrul capitolului anterior, creștinul de astăzi are dreptul să declare că Domnul nostru a încetat apoi din viață, deși nimeni nu poate spune când, sau cum s-a întâmplat acest lucru. În orice caz, cuvintele „s-a înălțat la ceruri" folosite în Crezul Apostolic nu sunt bine alese pentru că sugerează faptul că acestea se află deasupra norilor, asemenea unui Olimp suspendat în aer deasupra pământului plat, o veche idee a păgânilor pe care am depășit-o, cu siguranță.

Mă voi referi în continuare la profețiile mesianice. Cuvântul *Mesia*, pe care grecii l-au tradus *Christos* (*Cristos* pentru noi) înseamnă „Unsul". La început, ceremonia sacră a ungerii unui rege îl făcea pe

---

[122] Faptele Apostolilor IX, 13; XXII, 6; XXVI, 12.
[123] 2 Corintieni V, 16 și 1 Corintieni IX, 1.
[124] 1 Corintieni XV, 8.
[125] 1 Corintieni XI, 23.

acesta sacrosanct. De exemplu, când se vorbeşte despre regii Israelului, aceştia sunt numiţi „Unşii Domnului", lucru care denotă un conducător sanctificat, aflat în strânsă legătură cu Yahweh (Iehova).
Astfel, la început, Mesia evreilor era considerat un rege divin, ideal, care fusese trimis de Dumnezeu. Ideea despre un astfel de rege care este, fie Dumnezeu încarnat, fie trimis de Dumnezeu şi care vine să salveze naţiunea se regăseşte în multe religii şi nu aparţine doar evreilor. De exemplu, Marduk[n103] (Merodach) din Babilonia era aşteptat pe pământ în calitate de Mântuitor[126], mazdeismul[n104] predica venirea Mântuitorului, Saoshyant[n105], pentru a face să înceteze stăpânirea Răului[127], Krishna se încarnează în acelaşi scop[128], iar în Egipt era o profeţie care data, aproximativ, din anul 2200 î.Hr., care prezicea venirea unui Mântuitor, despre care spunea: "El va fi Păstorul poporului său, iar în el nu va exista păcatul. Dacă turmele sale sunt împrăştiate, el le va strânge laolaltă"[129].

Ideea pluteşte prin scripturile evreieşti, dar este pentru prima dată dezvoltată clar în Cartea lui Enoch[n106], o culegere datând din secolul I sau al II-lea, î.Hr., în care Mesia este descris drept Fiul Omului, preexistent, care stă în tronul lui Dumnezeu şi care va judeca popoarele lumii şi va înfiinţa un nou cer şi un nou pământ. Tot astfel, în *Psalmii lui Solomon*[n107] care datează din perioada cuprinsă între anii 70 şi 40, î.Hr., Mesia este descris în mod clar drept Regele trimis de Dumnezeu din linia lui David, Unsul Domnului care va izgonii străinii din Ierusalim, va reuni întreaga naţiune şi o va conduce la victorie pentru ca toată lumea să vadă gloria[130] sa. Această lucrare este îndreptată de Farisei împotriva Haşmoneilor[n108] de mai târziu (Macabei[n109]). Pe vremea lui Isus, Mesia era aşteptat pentru a scoate evreii de sub jugul Roman şi din moment ce confruntarea cu Roma se apropia, speranţa în sosirea acestui Mântuitor naţional devenea tot

---

[126] Zimmern, K.A.T., ediţia a treia, p. 376.
[127] *Bundahish* XI, 6.
[128] *Bhagavadgita* IV, 5-8.
[129] Weigall, *History of Pharaohs*, I, p. 284.
[130] *Psalmii lui Solomon*, XVII, 23-25.

mai ferventă. Se ajunsese la situația în care aproape că nu mai era sinagogă în care să nu fie predicată, sau familie în cadrul căreia să nu fie discutată cu nerăbdare. Iosephus spune că marea ruptură de Roma a fost cauzată de credința în iminenta venire a Mântuitorului.

Poporul își închipuia că Mesia era un învingător, cu sângele regal al lui David, născut la Betleem[131], iar evreul obișnuit din vremea lui Isus se gândea la Mesia ca la un eliberator de sub stăpânirea străină și un Rege victorios al Israelului care ar fi realizat o nouă împărțire a dreptății în baza căreia evreii ar fi devenit conducători omenirii. Însă, pe lângă această idee a unui Mesia triumfător, o concepție diferită a Mântuitorului fusese predicată de marii profeți ai secolului al VIII-lea î.Hr., dar se demodase și fusese dată uitării. Era ideea despre un Slujitor al lui Yahweh, desconsiderat și respins, care ar fi mântuit lumea prin suferințele sale și ar fi instituit Regatul lui Dumnezeu, în sens spiritual. Această idee se înrădăcinase în mintea evreilor într-o perioadă în care suferințele națiunii era aproape de nesuportat, iar credința că toate calamitățile făceau parte din planul lui Dumnezeu de mântuire a poporului Său era singura care le permitea să le înfrunte cu stăpânire de sine. În Isaia, LIII, profetul realizează portretul Omului simbolic al Durerii, al unui Israel personificat, care suferă pentru păcatele omenirii și este probabil ca această concepție să fie rezultatul dorinței de explicare a chinurilor națiunii făcând apel la credința în eficacitatea suferinței, credință de talie mondială.

Venerarea unor zei care suferă, putea fi găsită oriunde, iar credința în torturarea victimelor pentru izbăvirea păcatelor în cadrul ritualurilor sacrificiilor umane era generalizată. Zeii Osiris, Attis, Adonis, Dionis, Heracle, Prometeu și alții, suferiseră cu toții pentru omenire și se considera că Slujitorul lui Yahweh trebuia să fie sacrificat pentru păcatele omului. Însă, repet, această concepție nu mai era de actualitate în zilele lui Isus, iar atunci când Domnul nostru a fost crucificat nu s-a gândit nimeni din capul locului, fără excepția ucenicilor, că suferințele Lui dovedeau că El era Mesia. Acestea păreau să indice că El nu era Mesia și lovitura era formidabilă.

---

[131] Mica V, 2.

Isus însuşi, din momentul în care a înţeles că misiune Lui ducea în mod sigur la moarte, pare să fi realizat faptul că figura celui care suferă reprezenta ideea potrivită despre Mesia. Atunci când şi-a revăzut ucenicii, după Crucificare, El le-a expus scripturile sub acest înţeles[132], purtându-i astfel de la disperare, la entuziasm. În anii care au urmat ei s-au delectat dovedindu-şi între ei cum îndeplinise El profeţiile şi au ajuns să Îi atribuie tot felul de vorbe şi fapte, cu următoarele semnificaţii: intrarea Sa în Ierusalim călare pe un măgar reprezenta o împlinire a profeţiei lui Zaharia[133], împărţirea hainelor Sale, la Crucificarea Sa, fapt care constituia un obicei, fusese prezisă în Psalmi[134], faptul că i s-a dat să bea atunci când se găsea pe cruce, di nou un lucru care se obişnuia, fusese prevestit[135] şi aşa mai departe.

În Cartea lui Enoch şi în alte locuri se spunea că Mesia va judeca popoarele pământului şi pe această bază ucenicii au dezvoltat ideea că Isus va veni din nou, în glorie, pentru că atunci când se despărţise de ei, El trimisese doi mesageri să le spună că se va întoarce. Au construit, astfel, povestea celei de-a Doua Veniri în măreţie, fapt care trebuia să aducă sfârşitul stării de fapt din momentul respectiv. În credinţa aprinsă că acea sosire glorioasă era iminentă, ei s-au pregătit pentru evenimentul suprem, aşteptându-l ceas de ceas, sperând în zadar că ziua aceea sau următoarea îl va fi adus, scrutând cerul în căutarea unui semn care nu avea să vină niciodată şi căutând în scripturi sau în amintirile despre spusele Domnului o profeţie care să le indice cât de mult mai aveau de aşteptat.

---

[132] Luca, XXIV, 26.
[133] Zaharia IX, 9.
[134] Psalmi XXII, 18.
[135] Psalmi LXIX, 21.

CAPITOLUL XI

Influența lui Adonis și a altor zei păgâni

Recunoașterea faptului că Isus era Mesia și că Mesia nu era învingătorul glorios din concepția populară, ci figura în suferință din profețiile lui Isaia, i-a făcut pe ucenici să vadă în Crucificarea din ajunul Paștelui evreiesc, sacrificiul suprem pentru iertarea păcatelor. Acest lucru era exemplificat prin sacrificarea mielului în ziua respectivă. Isus devenise pentru ei Mielul Domnului ucis, prin al cărui sânge erau spălate păcatele lor. El se jertfise pe Sine pentru iertarea păcatelor omenirii. Întreaga tradiție mistică legată de sacrificarea fiilor înfăptuită de tați fusese concentrată în noua lor înțelegere a morții Domnului pe cruce și a învierii Sale în calitate de învingător al morții. Însă, în dezvoltarea acestei interpretări este normal ca mințile acestor primi creștini să fi fost influențate de credințele religioase care erau acceptate pe vremea aceea, în orașele și în ținuturile unde aceștia locuiau sau de unde proveneau unii dintre noii adepți.

Antiohia[n110], spre exemplu, s-a numărat printre primele reședințe ale creștinismului. În acest oraș, însă, erau sărbătorite în fiecare an[136] moartea și învierea zeului Tammuz, sau Adonis, care însemna pur și simplu „Domnul". Această credință influențase dintotdeauna concepțiile evreilor și însuși profetul Ezechiel[137] a găsit necesar să mustre cu asprime femeile din Ierusalim pentru că plângeau moartea lui Tammuz chiar la ușa Templului. Locul din Betleem care a fost ales de primii creștini drept scenă a nașterii lui Isus (din lipsa oricărei informații cu privire la unde avusese loc efectiv evenimentul) nu era altceva decât un vechi loc sfânt al acestui zeu păgân, după cum a aflat cu groază Sf. Ieronim[138; n111]. Acest fapt ne arată că Tammuz, sau

---

[136] Ammiamus Marcellinus XXII, 9.
[137] Ezechiel VIII, 14.
[138] Ieronim, Epistola 58, *ad Paulinum*.

Adonis, a fost confundat în cele din urmă, în minţile oamenilor, cu Isus Cristos.

Se credea că acest zeu suferise o moarte cumplită, coborâse în Iad, sau Hades, înviase din nou şi se înălţase în Rai. În cadrul sărbătorii sale, aşa cum era desfăşurată în diverse ţinuturi, moartea sa era deplânsă, o efigie a trupului său neînsufleţit era pregătită de îngropăciune, era spălată cu apă şi unsă cu uleiuri sfinte. În ziua următoare era sărbătorită cu mare bucurie reînvierea lui şi erau probabil rostite cuvintele „Domnul a înviat". Sărbătorirea înălţării sale sub privirile celor ce i se închinau era ultimul act al solemnităţii[139].

Aceste ceremonii erau ţinute în timpul verii în unele ţări. În zona Palestinei, însă, se pare că aveau loc aproximativ în acelaşi timp cu Paştele evreiesc, pentru că Adonis era sub anumite aspecte un zeu al vegetaţiei şi învierea lui semnifica reînsufleţirea naturii în timpul primăverii. În Antiohia, după cum a sugerat Frazer[140], se pare că începutul celebrării era fixat în aşa fel încât să coincidă cu apariţia planetei Venus, luceafărul dimineţii. Întreaga comemorare corespundea îndeaproape cu aceea a morţii şi învierii lui Isus, iar creştinilor timpurii le-ar fi fost greu să omită coincidenţa. În anumite părţi ale lumii creştine ceremoniile din Vinerea Mare şi cele organizate cu ocazia Paştelui par să continue şi în zilele noastre ritualul lui Adonis. Acest lucru se întâmplă, spre exemplu, în Sicilia şi în unele părţi ale Greciei, unde este pregătită pentru îngropăciune o efigie a lui Isus fără viaţă, în mijlocul bocetelor oamenilor. Acestea continuă până sâmbătă, la miezul nopţii, când preotul anunţă că Domnul a înviat şi oamenii din mulţime de încep să strige de bucurie.

Bineînţeles, această coincidenţă i-a făcut pe mulţi critici să presupună că relatarea înmormântării şi învierii lui Isus este pur şi simplu un mit împrumutat din această religie păgână. În capitolul precedent, însă, am încercat să arăt că relatarea din evanghelie are caracter istoric dincolo de orice dubiu. Crucificarea a avut loc, după cum se spune, în timpul Paştelui evreiesc, adică în timpul sărbătorilor

---

[139] Lucian, *De Dea Syria*, 6; Ieronim, *Comment on Ezekiel* VIII, 14.
[140] Frazer, *Adonis, Attis, Osiris*, p. 157.

de primăvară de pretutindeni în lume, nu pentru că povestea fusese preluată din păgânism, ci pentru că El fusese sacrificat în rol de jertfă de tip *Bar Abbas*. Acest sacrificiu avea loc, probabil, la acea dată, iar învierea Lui urmase la scurt timp, nu în baza presupunerii că Adonis și alți zei se întorseseră la viață în același mod, ci pentru că El chiar înviase și ieșise din mormânt. În opinia mea faptul că religia creștină a atras pe scară largă este datorat în mare măsură acestei coincidențe. Dacă Isus și-ar fi încheiat activitatea propovăduitoare de o manieră diferită față de ideile acceptate în general în privința modului în care trebuia să moară o divinitate încarnată, credința că El era Domnul nu ar fi fost acceptată atât de repede pe scară largă.

Însă, o altă particularitate a relatării din evanghelie chiar pare împrumutată din religia lui Adonis, ca de altfel și din alte religii păgâne. Este vorba despre coborârea în Iad. Crezul Apostolic[n112] și Crezul Sfântului Atanasie[n113], spun că de vineri noaptea, până duminică dimineața Isus a fost în Iad, sau în Hades. Acest lucru este însă omis în Crezul Nicean și episcopul Pearson[141] a arătat cât de des era omis în declarațiile timpurii de credință. Episcopul Goodwin[142] consideră că acest lucru „poate fi ignorat". Nu are altă bază, în Biblie, în afara cuvintelor ambigue din întâia Epistolă a lui Petru[143]. Nu a apărut în Biserică în calitate de dogmă creștină până târziu, în secolul al IV-lea[144] și își arată originea păgână prin faptul că apare în legenda lui Adonis, în legendele lui Heracle, Dionis, Orfeu, Osiris, Hermes, Krishna, Balder[n115] și în cele ale altor divinități. În ceea ce-l privește pe Orfeu, trebuie menționat faptul că asocierea sa cu Isus în mințile primilor creștini este ilustrată de frecvența apariție sale în cadrul picturilor din Catacombe. Herodot[145] descrie o sărbătoare care era ținută în fiecare an, în Egipt, în cadrul căreia era comemorată coborârea în Iad a unui anumit zeu neidentificat, sau a unui rege numit *Rhampsinitus* și

---

[141] Pearson, *On the Creed* II, 308.
[142] Goodwin, *Foundations of the Creed*, p. 172.
[143] 1 Petru III, 19; IV, 6.
[144] Nicolas, *Le Symbole des Apôtres*, p. 221 și 364.
[145] Herodot II, 122.

reîntoarcerea sa pe pământ. Cu ocazia acestei sărbători care pare să fi fost legată de Osiris, preoții înveleau un om în giulgiu, îl duceau la templul lui Isis din afara orașului și îl lăsau acolo. Ulterior acesta era adus înapoi de doi preoți, în rolurile celor două călăuze divine ale morților. O caracteristică importantă a acestei relatări este aceea că la reîntoarcere omul avea o batistă, care se presupunea că îi fusese dăruită în tărâmul de jos. Ne este reamintită în acest fel povestea care apare doar în Evanghelia după Sf. Ioan, ultima scrisă, care relatează că persoanele ajunse la mormântul lui Isus văzuseră batista într-o parte, giulgiul în cealaltă și două forme îngerești. Această întâmplare din Egipt ridică o îndoială în ceea ce privește episodul cu batista din Sf. Ioan, deși, este probabil importantă doar în calitate de exemplu privind atenția cu care trebuie examinate relatările din evanghelii.

Pe lângă venerarea lui Adonis, mai existau și alte credințe păgâne care trebuie să fi influențat mințile ne-evreilor convertiți la creștinism, având în vedere asemănarea dintre ele. Mai era, de exemplu, cultul lui Dionis, la care mă voi referi în cadrul capitolului al XXII-lea. O altă religie care a influențat creștinismul era venerarea zeului Spartan, sau eroului divin, Hiacint, care fusese ucis de o lovitură accidentală. Sărbătoarea[146] închinată lui dura 3 zile și era ținută anual, în timpul primăverii, sau la începutul verii. În prima zi era deplânsă moartea lui, în cea de-a doua zi, învierea lui era sărbătorită cu multă bucurie, iar în cea de-a treia zi se pare că era comemorată înălțarea lui, având în vedere că sculpturile de la mormântul său îl înfățișează înălțându-se la cer împreună cu sora lui virgină și însoțit de îngeri, sau zeițe.

Cultul lui Attis, o religie foarte populară, a influențat cu siguranță creștinii timpurii. Attis era Păstorul cel Bun, fiul lui Cibele, Mama Supremă, sau, alternativ, al Fecioarei Nana, care îl zămislise fără a se uni cu vreun muritor, cum se întâmplă și în povestea Fecioarei Maria. În tinerețe acesta se auto-mutilase și sângerase până la moarte lângă pinului său sacru. La Roma, sărbătoarea morții și învierii[147] lui era ținută în fiecare an, între 22 și 25 martie, iar legătura acestei religii cu

---

[146] Frazer, *Adonis, Attis, Osiris*, p. 178 și 204.
[147] Frazer, *Adonis, Attis, Osiris*, p. 166, nota nr. 4.

creștinismul este ilustrată de faptul că în Frigia, Galia, Italia și alte țări în care cultul lui Attis avea o largă răspândire, creștinii au adoptat data de 25 martie drept zi a comemorării Patimilor Domnului[148] nostru.

Cu ocazia sărbătorii lui Attis, pe date de 22 martie, se tăia un pin și pe trunchiul său era fixată o efigie a zeului. Attis era astfel „ucis și atârnat de un pom", după cum sună expresia biblică[149]. Această efigie era ulterior înmormântată într-o criptă. 24 martie era ziua sângelui, când Marele Preot care îl personifica pe Attis, se tăia la una din mâini și oferea sângele său în locul sângelui unui om sacrificat, sacrificându-se pe sine, ca să spunem așa, fapt care aduce în minte cuvintele din Epistola către evrei: "Dar Cristos a venit ca Mare Preot... nu cu sânge de țapi și de viței, ci cu însuși sângele Său... a căpătat mântuire veșnică pentru noi"[150]. În noaptea respectivă, preotul se ducea la criptă și o găsea iluminată din interior și apoi descoperea că este goală, întrucât zeul înviase din morți în cea de-a treia zi. Pe date de 25 martie, învierea era celebrată cu mare bucurie și era servită o masă sacră. Inițiații erau botezați cu sânge, prin intermediul căruia le erau spălate păcatele și se spunea că ei erau „născuți încă o dată".

Nu încape niciun dubiu că aceste ceremonii și credințe colorau puternic interpretările pe care primii creștini le atribuiau crucificării, îngropării și învierii lui Isus. Contopirea cultului lui Attis cu acela al lui Isus avea loc aproape fără întrerupere. Aceste ceremonii păgâne erau efectuate într-un sanctuar, pe dealul Vaticanului, care a fost preluat mai târziu de creștini și pe care se ridică acum catedrala Sf. Petru[151].

---

[148] Frazer, *Adonis, Attis, Osiris*, p. 199, nota nr. 3.
[149] Comparați cu Faptele Apostolilor V, 30.
[150] Evrei IX, 11, 12.
[151] Sub catedrala Sf. Petru au fost găsite multe inscripții, privind aceste ceremonii. Hepding, *Attis*.

CAPITOLUL XII

Influența exercitată de Isis și Osiris

Religia populară și larg răspândită a lui Isis și Osiris a exercitat o influență semnificativă asupra creștinismului timpuriu pentru că aceste două mari zeități Egiptene al căror cult ajunsese în Europa, erau venerate la Roma și în multe alte centre în care se dezvoltau comunitățile creștine. Legenda[152] spune că Osiris și Isis erau frate și soră și, de asemenea, soț și soție. Osiris a fost ucis, iar trupul său a fost pus într-un coșciug și aruncat în Nil. La scurtă vreme după aceea văduva acestuia, Isis, care fuse trimisă în exil a dat naștere unui fiu, lui Horus. Între timp, coșciugul ajunsese la țărm pe coasta Siriei și se înfipsese în mod miraculos în trunchiul unui pom, astfel încât despre Osiris, ca și despre alți zei sacrificați, se putea spune că fuseseră „uciși și atârnați de un pom". S-a întâmplat, apoi, ca acest arbore să fie doborât, transformat în stâlp și dus în palatul din Byblos, unde a fost găsit în cele din urmă de Isis. Ea a scos sicriul din stâlp și a plâns peste el. A învelit, însă, în pânză arborele, sau stâlpul și l-a pus în templu, asemenea arborelui sacru al lui Attis. A dus, apoi, trupul lui Osiris înapoi în Egipt. Aici trupul a fost găsit de puterile răului și a fost rupt în bucăți. Aceste bucăți au fost puse iarăși împreună și zeul a înviat din morți[153]. După aceea el s-a întors, totuși, în lumea cealaltă pentru a domni pentru totdeauna în calitate de Rege al Morților. Între timp Horus ajunsese bărbat și conducea pe pământ, urmând ca mai târziu să devină cea de-a treia persoană a acestei mari trinități Egiptene.

Herodot[154] spune că sărbătoarea morții și învierii lui Osiris se ținea în Egipt în fiecare an, dar nu furnizează data acesteia. El spune că oamenii plângeau moartea zeului și seara aprindeau lămpi care ardeau

---

[152] Plutarh, *Isis și Osiris*.
[153] Erman, A *Handbook of Egyptian Religion*, p. 31.
[154] Herodot II, 62.

toată noaptea în fața caselor. Și Plutarh consemnează sărbătoarea anuală a lui Osiris și spune că aceasta ținea patru zile, din cea de-a șaptesprezecea zi a lunii egiptene Hathor, care, potrivit calendarului Alexandrian[n116] pe care îl folosea, corespundea datei de 13 noiembrie[155]. Știm acum din vechile consemnări[156] egiptene că în cea de-a optsprezecea zi din prima lună a anului era ținută o solemnitate în onoarea tuturor morților cu ocazia căreia erau aprinse felinare. Având în vedere că, inițial, anul începea în jurul datei de 21 octombrie[157], acestă solemnitate ar fi urmat în jurul datei de 8 noiembrie și luând în calcul ajustarea calendarului, data ar putea fi aceea menționată de Herodot.

Cu alte cuvinte, sărbătoarea lui Osiris fusese identificată în antichitate cu sărbătoarea felinarelor care comemora morții în general și care avea loc la începutul lunii noiembrie[158].

Sărbătoarea creștină în cinstea morților, *Ziua tuturor sfinților*, este celebrată și ea la începutul lui noiembrie. În multe țări sunt aprinse felinare și lumânări cu această ocazie și sunt lăsate să ardă toată noaptea. Acestă sărbătoare a fost recunoscută de Biserică pentru întâia oară în anul 998 d.Hr., dar Frazer[159] a arătat că prin această recunoaștere clerul a reglementat pur și simplu un obicei păgân din vremuri imemoriale, care se bucura de o largă răspândire și pe care nu a reușit să îl suprime. Acest obicei reprezenta fără îndoială o copie a sărbătorii din Egipt. După Reformă, această sărbătoare a fost desființată în cadrul Bisericii anglicane, dar a fost reactivată de anglo-catolici. Sărbătoarea Tuturor Sfinților care se ține cu o zi înainte de Ziua Morților și care a fost recunoscută de Biserică pentru întâia oară în anul 835 d.Hr., are fără îndoială aceeași formă pe care o avea la început. Încă figurează ca sărbătoare în calendarul bisericesc, iar

---

[155] Frazer, *Adonis, Attis, Osiris,* p. 257.
[156] Breasted, *Ancient Records of Egypt* I, sec. 555.
[157] Weigall, *History of the Pharaohs* I, p. 20.
[158] M. Murray, *The Osireion at Abydos*, p. 35.
[159] Frazer, Adonis, Attis, Osiris, p. 255.

creștinii perpetuează, fără a realiza acest lucru, venerarea lui Osiris și comemorarea tuturor supușilor săi din Împărăția Morților.

Părintele bisericii, Firmicus Maternus[160], care a scris în secolul al IV-lea, d.Hr., descrie cum adoratorii lui Osiris își plângeau zeul mort pentru un anumit număr de zile, iar apoi se bucurau, exclamând: "L-am găsit". Același scriitor spune că în timpul comemorării înmormântării zeului, obiceiul era să se realizeze o imagine a lui Osiris și să fie așezată pe un pin, tăiat în acest scop. Cum se întâmpla și în cultul zeului Attis, zeul era „omorât și atârnat de un pom".

Câtă vreme, însă, este posibil ca povestea morții și învierii lui Osiris să fi influențat concepția creștinilor timpurii în ceea ce privește moartea și învierea Domnului nostru, nu există niciun dubiu că mitul lui Isis a avut o influență directă în privința înălțării Mariei, mama lui Isus, în poziția ei cerească din cadrul teologiei romano-catolice[161]. Cultul lui Isis fusese înființat la Roma în secolul I, î.Hr., iar în jurul anului 80 î.Hr., Sulla a instituit un colegiu închinat lui Isis, în același oraș. În curând aveau să fie construite temple închinate acesteia în Pompei, Benevento, Malcesina, în zona lacului Garda și în multe alte locuri, iar începând de la Vespasian, venerarea ei s-a răspândit în toată Europa de vest, unele zone fiind „pline de Nebunia lui Isis", după cum declară un scriitor creștin timpuriu[162]. Chiar și în Southwark, Londra, exista un templu al lui Isis. La Roma, ultima sărbătoare închinată ei care a fost consemnată, a fost ținută în anul 394 d.Hr., dar cultul ei a supraviețuit până în secolul al V-lea, d.Hr., fiind una dintre ultimele credințe păgâne care s-a menținut acolo, împotriva creștinismului.

Pentru adoratorii lui Isis erau deosebit de importante două ipostaze ale acesteia. În primul rând, aceea de doamnă îndurerată, ce deplânge moartea lui Osiris și în al doilea rând, aceea de mamă divină care are grijă de pruncul său, Horus. În cea dintâi ipostază, ea era identificată cu Demetra[n117], marea zeiță-mamă a cărei durere cauzată de pierderea Persefonei era o parte principală a misterelor din

---

[160] Firmicus Maternus, *De Errore Profanarum Religionum* II, 3.
[161] W. Roscher, Lexikon der griech. und römischen Myth., II, 428.
[162] Acta SS., XX. Mai, p. 44.

Eleusis[n118]. Ea era, de asemenea, îndeaproape asociată şi cu cealaltă *Mater Dolorosa*, zeiţa-mamă Cibele, a cărei durere pentru moartea fiului său, Attis, era comemorată în fiecare an la Roma şi al cărei altar se înălţa pe dealul Vaticanului, în locul în care se găseşte acum Catedrala Sfântului Petru, centru al Bisericii, care o venerează pe „Mama lui Dumnezeu" în aceeaşi calitate.

În calitate de mamă a lui Horus, Isis era reprezentată în zeci de mii de statuete şi picturi cu pruncul divin în braţe. Atunci când a triumfat creştinismul aceste picturi şi statuete au devenit ale Madonei şi Pruncului fără pierdere de continuitate şi niciun arheolog nu poate spune, acum, care dintre aceste obiecte îi reprezintă pe unii şi care pe ceilalţi.

Titlul de „Mama lui Dumnezeu" i-a fost atribuit pentru întâia oară Mariei, mamei lui Isus, de teologii din Alexandria, marele centru din Egipt al cultului zeiţei Isis, către sfârşitul celui de-al III-lea secol, iar în secolul al IV-lea, atunci când religia creştină triumfa rapid asupra păgânismului, Mariei îi este atribuit acest titlu din ce în ce mai des. Cu puţin înaintea anului 400 d.Hr., Epifanie[n119] acuză femeile din Tracia, din Arabia şi pe cele din alte locuri că o venerează pe Maria ca pe o zeiţă adevărată şi că oferă pâine la altarul acesteia. Totuşi, în jurul anului 430 d.Hr., teologul creştin Proclus a ţinut o predică în cadrul căreia a recunoscut-o drept un fel de divinitate, denumind-o Mama lui Dumnezeu şi intermediarul dintre Dumnezeu şi om[163]. Nestorie[n120], un alt demnitar creştin, avea însă obiecţii în această privinţă şi prefera să o considere aşa cum făcuseră şi creştinii timpurii, pur şi simplu, drept receptaculul ales, dar, completamente supus morţii. În anul 431, Chiril din Alexandria[n121] a ţinut o predică hotărâtoare în Efes[n122], în care a folosit în privinţa Mariei termeni care o făceau să fie considerată drept cea care lua locul lăsat liber în sentimentele oamenilor de estomparea lui Isis şi a copiei acesteia, Diana sau Artemis, care fusese zeiţa supremă a locuitorilor oraşului Efes. În urma acestei predici, Nestorie a fost destituit, spre marea plăcere a oamenilor şi de atunci înainte Maria a devenit Regina supremă a Cerurilor.

---

[163] Labbé, *Concilia* III, 51.

Tot pe atunci începuse să circule o poveste atribuită lui Melito[n123], Episcop de Sardis în secolul al II-lea, dar scrisă, probabil, mult mai târziu, care spunea că Maria fusese dusă în Rai, în mod miraculos, de Isus şi îngerii Săi. În secolul al VI-lea, praznicul Adormirii Maicii Domnului, care comemorează evenimentul, a fost recunoscut oficial de Biserică[164] şi este acum una dintre cele mai importante sărbători ale romano-catolicilor, deşi a fost abandonată de Biserica anglicană după Reformă, iar acum recapătă treptat cinste sub auspiciile anglo-catolicilor. Este comemorată pe 13 august, însă aceasta era data marii sărbători a zeiţei Diana, sau Artemis, cu care fusese identificată Isis. Este limpede modul în care Maria a luat, treptat, locul zeiţei.

Artemis fusese, sub un anumit aspect identificată cu Selena, zeiţa Lunii, iar simbolul ei fusese semiluna. În mod similar, Isis fusese identificată cu luna. Aceste lucruri explică prezenţa semilunii în atât de multe picturi ale Fecioarei Maria. Isis fusese, de asemenea, identificată cu Venus, sau Afrodita, iar doliul lui Isis, la moartea lui Osiris, fusese asimilat doliului lui Venus, la moartea lui Adonis. Afrodita se născuse din spuma mării, aşa că, treptat, Isis a devenit zeiţa protectoare a mării şi a marinarilor, iar atunci când Madona a luat locul lui Isis, ea a preluat şi titlul Stella Maris, "Steaua Mării", după cum este foarte des numită în ţările romano-catolice. În această privinţă, este interesant de menţionat faptul că Isis, ţinând o corabie în mână, apare gravată pe un lambriu din fildeş din vremurile păgâne şi că lambriul respectiv a fost aplicat în timpul Evului Mediu, fără niciun sentiment de nepotrivire, pe una dintre laturile amvonului catedralei[n124] din Aix, unde mai poate fi văzut şi acum[165]. Aş mai putea menţiona şi faptul că în biserica Sf. Ursula din Köln a fost introdusă în evul mediu o statuie a lui Isis drept capitel al unui pilastru[166].

Isis mai era identificată şi cu zeiţa Astarte[n125], sau Ashtoreth (Astarte, în Biblie), Împărăteasa Cerului şi, la fel cum aflăm de la

---

[164] Nicephorus Callistus, Historia Ecclesiastica XVII, 28.
[165] Paul Clemen, Kunstdenkmaler der Reheinprovinz, 1926, X. p. 113, fig. 68.
[166] Bonn Jahrbuch LXXVI, 38.

Ieremia[167], că femeile evreilor îi aduceau ofrande, tot astfel, chiar până în vremurile moderne, în Paphos[n126], Cipru, femeile aduc ofrande Fecioarei Maria în calitate de Împărăteasă a Cerului, în ruinele templului antic al lui Astarte.

Buna Vestire este sărbătorită în Biserica romano-catolică şi în cea anglicană pe 25 martie, o dată aleasă pentru că este exact cu nouă luni înainte de 25 decembrie, data adoptată de Biserică pentru aniversarea naşterii lui Isus. Dar, după cum voi arăta într-un alt capitol, 25 decembrie nu era de fapt data naşterii lui Isus, ci a zeului-soare, Mitra[n127]. Totuşi Horus, fiul lui Isis, fusese identificat la începuturi cu Ra, zeul-soare Egiptean[168], deci, cu Mitra. Prin urmare sărbătoarea creştină comemorează de fapt Buna Vestire a lui Isus, nu a Mariei.

CAPITOLUL XIII

Influenţa lui Mitra

În primele trei secole şi jumătate după Cristos religia mitraistă a fost rivalul tot mai puternic al creştinismului. Venerarea zeului-soare, Mitra, fusese iniţiată la Roma de marinarii din Cilicia[n128], în jurul anului 68 î.Hr., pentru ca mai târziu să se răspândească în întreaga lume romană şi să devină, chiar înaintea triumfului creştinismului, cea mai importantă credinţă păgână din Imperiu. A fost suprimată de creştini în 376 şi 377 d.Hr., dar sfârşitul se pare că i-a fost adus de faptul că multe dintre dogmele şi ritualurile sale fuseră adoptate între timp de Biserică, astfel încât a fost practic absorbită de rivala sa şi Isus Cristos a luat locul lui Mitra ca obiect al adorării fără salturi mintale.

---

[167] Ieremia XLIV, 19.
[168] Weigall, History of the Pharaohs I, p. 208.

La început, Mitra fusese unul dintre zeii minori ai panteonului antic Persan, dar ajunsese să fie considerat Soarele spiritual, Lumina cerească, conducătorul și întruchiparea celor șapte spirite divine ale bunătății și, chiar din timpul lui Cristos, ajunsese egalul lui Ormuzd (Ahura-Mazda), Ființa Supremă[169] (care îl crease) și Mediator între acesta și om[170]. Se pare că el avusese o încarnare pe pământ și murise într-o manieră necunoscută pentru binele omului, având în vedere că în ritualurile[171] lui era folosită o reprezentare care simboliza învierea sa. Tars, patria Sfântului Pavel, era unul dintre marile centre ale cultului său, având în vedere că era cel mai de seamă oraș al cilicienilor și după cum se va vedea imediat, în epistole și în evanghelii sunt nuanțe categorice de mitraism. Astfel, descrierile Domnului nostru drept *Soarele care răsare din înălțime*[172], *Lumina*[173], *Soarele Neprihănirii*[174] și alte expresii similare, sunt împrumutate din mitraism, sau sunt înrudite cu frazeologia din mitraism.

Mitra se născuse dintr-o stâncă[175], după cum este arătat de sculpturile mitraiste si de faptul că uneori era numit „zeul ieșit din stâncă", iar venerarea lui avea loc într-o grotă. Credința generală din Biserica timpurie că Isus se născuse într-o grotă este un exemplu direct de adoptare a ideilor mitraiste. Cuvintele Sfântului Pavel, "Ei au băut din acea stâncă spirituală... și stânca era Cristos"[176] sunt împrumutate din scripturile mitraiste nu doar pentru că Mitra era „Stânca", dar și pentru că una dintre faptele sale mitologice care figurează de asemenea și între faptele lui Moise, fusese lovirea stâncii și scoaterea de apă din aceasta, apă pe care adepții lui aveau să o bea cu aviditate. Iustin Martirul[177] își exprimă nemulțumirea în privința faptului că

---

[169] J. M. Robertson, *Pagan Christ*, p. 290.
[170] Plutarh, Isis et Osiris, cap. 46; Julian, *In regem solem*, cap. 9, 10, 21.
[171] Tertulian, *De praescriptione haereticorum*, cap. 40.
[172] Luca I, 78.
[173] Corinteni 2, IV, 6; Efeseni V, 13; Tesaloniceni 1, V, 5; etc..
[174] Maleahi IV, 2; folosit mult în creștinism.
[175] Firmicus, *De errore* XXI; etc..
[176] 1 Corinteni X, 4.
[177] Iustin Martirul, *Dialogue with Trypho*, cap. 70.

vorbele profetice din Cartea lui Daniel[178] privind tăierea unei bucăți dintr-o stâncă fără folosirea mâinilor fuseseră folosite și în ritualul mitraist. Este clar că marea importanță acordată de Biserica timpurie presupuselor vorbe ale lui Isus în privința lui Petru, "Pe această piatră voi zidi Biserica Mea"[179], era datorată asocierii cu ideea mitraistă privind „Theos ek Petras", "Zeul ieșit din Stâncă". Este, într-adevăr, posibil ca motivul pentru care Petru considera sacru dealul Vaticanului din Roma, "Stânca" creștină, să fie acela că era deja închinat lui Mitra, având în vedere că acolo au fost găsite vestigii mitraiste.

Evenimentul principal din viața lui Mitra a fost lupta cu taurul simbolic, pe care l-a învins și l-a sacrificat, iar din sângele sacrificial au izvorât pacea și abundența, simbolizate de spicele de grâu. Taurul pare să simbolizeze pământul, sau omenirea, iar semnificația este că Mitra asemenea lui Cristos a cucerit lumea. Însă, în scrierile Persane timpurii Mitra este el însuși taurul[180], zeul sacrificându-se, astfel, pe sine. Acest fapt reprezintă o apropiere semnificativă de ideea creștină. Mai târziu taurul poate fi înlocuit cu un berbec, dar berbecul zodiacal (Aries) care este asociat cu Mitra fusese înlocuit cu un miel în zodiacul Persan[181], astfel încât se sacrifica[182] un miel, exact ca în viziunea creștină. Faptul că acest sacrificiu avea la început o victimă umană și că mai târziu implica ideea morții sacre a unei ființe umane, reiese cu claritate din faptul că Socrates, istoricul Bisericii, credea că victimele umane încă mai erau sacrificate, în cadrul misterelor mitraiste, până nu cu mult înainte de 360 d.Hr.[183].

Prin urmare, ideea supremă creștină a sacrificiului mielului lui Dumnezeu era una cu care fiecare adorator al lui Mitra era familiarizat și exact așa cum Mitra era întruchiparea celor șapte spirite ale lui Dumnezeu și Mielul ucis în Apocalipsa după Ioan are șapte coarne și

---

[178] Daniel II, 34.
[179] Matei XVI, 18.
[180] J. M. Robertson, *Pagan Christ*, p. 298.
[181] Bundahish II, 2.
[182] Garucci, *Les Mystères du Syncrétisme Phrygien*, p. 34.
[183] Socrates, *Ecclesiastical History*, cartea III, cap. 2.

șapte ochi „care sunt cele șapte spirite ale lui Dumnezeu"[184]. Scriitorii timpurii spun că un miel era sfințit, sacrificat și mâncat în biserică, în cadrul unui ritual timpuriu de Paște. Paștele, însă, era o sărbătoare din mitraism, care reprezenta, probabil, învierea zeului lor și analogia este, astfel, desăvârșită. Trebuie menționat în această privință că, în timpul secolului al VII-lea, Biserica s-a străduit fără succes să suprime reprezentarea lui Cristos sub chip de miel din cauza elementelor păgâne conținute în această idee[185].

Ceremoniile de purificare prin stropirea, sau udarea novicelui cu sângele taurilor, sau berbecilor, erau larg răspândite și puteau fi găsite în ritualurile lui Mitra. Prin această purificare, omul „se năștea din nou"[186] și expresia creștină „spălat în sângele Mielului" reprezintă fără niciun dubiu o răsfrângere a acestei idei, iar referința la acest lucru este clară în cuvintele din Epistola către evrei: *"Este cu neputință ca sângele taurilor și al țapilor să șteargă păcatele"*[187]. În acest paragraf scriitorul continuă, spunând, "Prin sângele lui Isus intrăm cu îndrăzneală în Locul Preasfânt pe calea cea nouă și vie pe care ne-a deschis-o El, prin perdeaua dinăuntru, adică trupul Său... să ne apropiem... cu inimile stropite și curățite de un cuget rău și cu trupul spălat cu o apă curată"[188]. Când aflăm, însă, că ritualul inițierii mitraiste consta în intrarea cu îndrăzneală într-un „sanctuar" subteran misterios, legat la ochi, în stropirea cu sânge și spălarea cu apă, este clar că autorul Epistolei se gândea la ritualurile mitraiste, pe care probabil că toată lumea le cunoștea foarte bine pe vremea aceea.

Un alt ritual din religia lui Mitra era acela al trecerii peste un șanț cu apă, cu mâinile în măruntaiele unei păsări, ceea ce semnifica păcatul și „eliberarea" pe partea cealaltă. Se pare că Sf. Pavel se referă

---

[184] Apocalipsa V, 6.
[185] Bingham, *Christian Antiquity* VIII, 8, sec. 11; XV, 2, sec. 3.
[186] Beugnot, *Histoire de la destruction du Paganisme en Occident* I, p. 334.
[187] N.T.: Evrei X, 4.
[188] Evrei X, 19, 20, 22.

la acest lucru atunci când spune, "Rămâneți dar tari în libertatea cu care v-a făcut liberi Cristos şi nu vă plecaţi iarăşi sub jugul robiei"[189].

Tertulian[190] afirmă că adoratorii lui Mitra practicau botezul cu apă, prin care se considerau izbăviți de păcat şi că preotul făcea un semn pe fruntea persoanei botezate. Însă, având în vedere că acesta era şi ritualul creştin, Tertulian declară că Diavolul trebuie să fi cauzat această coincidență în urmărirea scopurilor sale haine. "Diavolul", scrie tot el, "imită chiar părțile principale ale misterelor noastre divine" şi "se ocupă să folosească în adorarea idolilor tocmai acele lucruri care constituie simbolurile lui Cristos".

El se referea atât la ritualul botezului cât şi la euharistia mitraistă, cu privire la care Ioan Martirul ridicase obiecții, spunând că Satan plagiase ceremonia, făcându-i pe adoratorii lui Mitra să primească pâinea sfințită şi cana cu apă. Ceremonia consumării corpului şi a sângelui unui zeu încarnat este, de bună seamă, foarte veche şi legată de canibalism, la origine. Dacă ceremonia nu a fost instituită de Isus, cei mai mulți critici consideră că există mai multe surse din care putea proveni, însă legătura cu ritualul mitraist este cea mai clară.

Adoratorii lui Mitra erau numiți „Soldații lui Mitra", iar aceasta este probabil originea termenului „Soldații lui Cristos" şi a îndemnului adresat creştinilor de a-şi „pune armătura de lumină"[191], având în vedere că Mitra era zeul Luminii. La fel ca în creştinism, ei nu recunoşteau distincțiile sociale şi primeau în Armata Domnului bogați şi săraci, oameni liberi şi sclavi. Mitraismul conținea exemple de austeritate reprezentate de asprele ritualuri inițiatice la care era supus un „Soldat al lui Mitra". În mod asemănător, *Epistola către Timotei* îi îndeamnă pe creştini să „îndure dificultățile, ca un bun soldat al lui Isus Cristos"[192]. Călugărițele şi călugării erau, de asemenea,

---

[189] Galateni V, 1.
[190] Tertulian, *De praescriptione haereticorum*, cap. 40.
[191] Romani XIII, 12. Comparați cu Efeseni VI, 11, 13.
[192] 2 Timotei II, 3.

celibatari[193] şi avea ca dogmă controlul trupului şi respingerea lumii, acest lucru fiind simbolizat în ritualului iniţiatic în cadrul căruia o coroană era oferită novicelui, care trebuia să o respingă şi să spună, cum făceau şi creştinii, că el căuta o coroană cerească. Mai erau şi anumite imnuri care puteau fi folosite la fel de bine de creştini şi de mitraişti[194].

Venerarea mitraistă avea loc mereu în grote, atât naturale, cât şi artificiale. Primii creştini foloseau în mod public şi nu din motive legate de caracterul ascuns, sau de siguranţă, camerele subterane din piatră, cunoscute drept catacombe, atât pentru înmormântări, cât şi pentru slujbe publice. Asemenea grotelor mitraiste, catacombele erau decorate cu picturi în rândul cărora era reprezentat adesea Moise lovind piatra, care, după cum am menţionat mai devreme, are o analogie în mitraism. Tema cel mai frecvent întâlnită este aceea a lui Cristos, în calitate de *Păstorul cel Bun*. Deşi este acceptat, în general, că Isus ţinând un miel este o temă împrumutată de la statuile lui Hermes Kriophoros[195], zeul care ţine un ied, Mitra este câteodată înfăţişat ducând un taur peste umăr, iar Apollo, care, sub aspectul său solar şi în calitate de divinitate protectoare a stâncilor[196], trebuie identificat cu Mitra, este numit adesea „Păstorul cel Bun". La naşterea lui Mitra, pruncul a fost adorat de păstori, care i-au adus daruri[197].

Din moment ce creştinii desfiinţaseră Sabatul evreiesc, Biserica a făcut duminica ziua sacră, pe de o parte fiindcă fusese ziua Învierii, dar în principal fiindcă era festivalul săptămânal al soarelui şi pentru că politica creştină era să adopte sărbătorile păgâne îndrăgite de lume în baza tradiţiei şi să le confere o semnificaţie creştină. Dar, în calitate de sărbătoare a soarelui, duminica era ziua sacră a lui Mitra şi este interesant de observat, având în vedere că Mitra era numit *Dominus*, "Domn", că duminica era „Ziua Domnului" cu mult înaintea timpurilor

---

[193] Tertulian, *De praescriptione haereticorum*, cap 40.
[194] Rev. Arch. vol. XVII (1911), p. 397.
[195] Pausanias, IV, 33.
[196] Imn lui Apollo din Delos.
[197] Enciclopedia Britannica, ediţia a XI-a, vol. XVII, p. 623.

creștine. Aș mai putea menționa, în treacăt, un subiect la care m-am referit deja și la care voi reveni într-un capitol viitor. Este vorba despre originea Crăciunului. 25 decembrie era data de naștere a zeului-soare și în mod special a lui Mitra. Această dată a fost adoptată ca dată de naștere a lui Isus (necunoscută, de fapt), în secolul al IV-lea.

Conducătorul religiei mitraiste era numit *Pater Patrum*, "Tatăl Taților" și avea sediul la Roma. În mod asemănător, conducătorul Bisericii era *Papa* (*Papă*, în prezent), sau „Tată" și avea sediul la Roma. Coroana Papei este denumită tiară, dar tiara este o podoabă pentru cap din Peria, deci, probabil mitraistă. Vechiul tron păstrat la Vatican, despre care se presupune că a fost tronul pontifical folosit de Sf. Petru are, de fapt, origine păgână, probabil tot mitraistă, întrucât poartă anumite sculpturi păgâne despre care se crede că au legătură cu Mitra[198].

Venerarea crucifixului, asemenea triplei venerări concomitente, sunt strâns legate de păgânism.

CAPITOLUL XIV

Originea împărtășaniei

Am arătat în capitolul anterior faptul că o cuminecătură sacră făcea parte din ritualurile mitraiste, iar cititorul își va aminti că aceasta era compusă din pâine și apă, nu din pâine și vin. Acum intenționez să arăt că în timpul secolului I creștinii țineau, pur și simplu, o ceremonie de „pomenire" atunci când serveau masa, iar vinul făcea parte din ritual. În secolul al II-lea, însă, ceremonia a devenit sfântă și concomitent apa a luat locul vinului, ceea ce pare să arate faptul că ritualul mitraist l-a influențat pe cel creștin.

---

[198] J. M. Robertson, *Pagan Christs*, p. 336.

Mențiunea cea mai timpurie privind ceremonia creștină este aceea din întâia Epistolă către Corinteni[199] a Sfântului Pavel, scrisă la aproximativ 25 de ani după Crucificare. Credincioșii, ni se spune aici, obișnuiau să se întâlnească și să comemoreze Cina cea de Taină luând masa împreună, aparent din un fond comun de provizii. Cu timpul lucrurile au degenerat și s-a ajuns la o situație reprobabilă, având în vedere că unii mâncau și beau prea repede, iar alții nu primeau suficient. Sf. Pavel le ordonă, în consecință, să se stăpânească și să se aștepte unul pe celălalt, adăugând faptul că din moment ce aceea era o masă sfântă în care trebuia să fie împărțit trupul lui Isus, nesățioșii ar face bine să mănânce ceva acasă, înainte de a veni. El le amintește, apoi, originea ceremoniei, pe care o relatează astfel: "În noaptea în care a fost trădat, Domnul nostru Isus a luat o pâine, a adus mulțumiri și a spus, «Acesta este trupul meu, care este frânt pentru voi. Faceți acest lucru în amintirea mea». La fel și cu paharul de după cină, spunând, «Acestă cupă este noul legământ, prin sângele meu. Faceți acest lucru, de fiecare când beți, în amintirea mea»".

În altă parte, în aceeași Epistolă[200], el spune: "Cupa binecuvântării, pe care o binecuvântăm, nu este ea împărtășirea cu sângele lui Cristos? Pâinea pe care o frângem nu este ea împărtășirea cu trupul lui Cristos?" Și le spune Corintenilor să nu participe la ceremonii similare închinate zeilor păgâni, pe care el îi descrie drept „diavoli": "Nu puteți bea cupa Domnului", spune el, "și cupa dracilor; nu puteți lua parte la masa Domnului și la masa dracilor. Sau vrem să întărâtăm pe Domnul la gelozie?" Așadar masa era un ritual sacru, asemănător ritualurilor sacre din alte religii, copiat probabil într-o oarecare măsură din *Kiddûsh*, masa religioasă a evreilor din ajunul Sabatului, când pâinea și cupa erau binecuvântate solemn. Chiar dacă este indicat faptul[201] că toți cei prezenți împărțeau bucăți frânte dintr-o pâine binecuvântată și că masa sa încheia[202] prin împărțirea unei

---

[199] 1 Corinteni XI, 17-34.
[200] 1 Corinteni X, 16-31
[201] 1 Corinteni X, 17.
[202] Observați cuvintele „după cină".

cupe deosebite cu vin, caracterul general al ceremoniei era acela al unei cine în comun. Avea să rămână astfel până în anul 112 d.Hr., când, în cadrul faimoasei scrisori a lui Plinius[203; n129], masa a fost clasificată alături de acelea ale altor asociații (sau bresle) și i-a fost atribuit un caracter obișnuit și nevinovat. Probabil era foarte asemănătoare cu ospețele sacre care erau ținute în templul lui Serapis[n130] din Alexandria și în cadrul cărora, potrivit lui Aristides[n131], era realizată o comuniune reală cu zeul. În Egipt, în timpurile moderne, a fost găsită o invitație la unul dintre aceste ospețe ale lui Serapis[204].

În *Didache*[205], sau *Învățăturile Apostolilor*, document realizat la scurt timp după anul 90 d.Hr., se dau instrucțiuni în privința acestei mese, despre care aflăm că era ținută duminica. Ritualul era deschis prin oferirea cupei, al cărei conținut era descris simplu, drept „vinul sfânt al lui David", ne fiind făcută nicio referire la sângele lui Cristos. Urma împărțirea pâinii, care era descrisă ca un simbol al „vieții și cunoașterii care ne-a fost dezvăluit prin Isus". În continuare, cei prezenți mâncau după pofta inimii din proviziile comune. După ce se săturau, aduceau mulțumiri pentru mâncarea și băutura date de Dumnezeu spre desfătarea omului și, de asemenea, pentru hrana spirituală și pentru viața eternă, revelate prin Isus. În Evanghelia după Sf. Marcu[206], care datează aproximativ din aceeași perioadă, relatarea acestei întâmplări din viața lui Isus, în baza căreia a fost instituită ceremonia, este făcută în mare parte cu cuvintele aceleia făcută de Sf. Pavel, cu diferența că în privința paharului El spune: "Acesta este sângele Meu, sângele legământului celui nou, care se varsă pentru mulți"[207]. În următoarea evanghelie, aceea după Sf. Luca[208], relatarea este similară.

---

[203] Scrisoarea XCVIII. Autenticitatea ei nu este pusă la îndoială, în mod deosebit.
[204] Grenfell și Hunt, *Oxyrhynchus Papyri*, I, 110.
[205] J. E. Odgers, *Didache*, cap. IX, X.
[206] Marcu XIV, 22-25.
[207] N.T.: Matei XXVI, 28; Marcu XIV, 24; Luca XXII, 20.
[208] Luca XXII, 19, 20.

Din aceste două relatări întâmplarea poate fi reconstruită. Era seara zilei de joi, data probabilă fiind 6 aprilie 30 d.Hr.. Grupul se reunise pentru masa tradițională de Paște. Isus știa că putea fi arestat dintr-o clipă într-alta, fapt căruia execuția i-ar fi urmat cu necesitate. De aceea, atunci când a împărțit bucăți de pâine pentru a fi muiate în sosul mielului pregătit, după cum obișnuia să facă o gazdă bună, El a făcut remarca tristă că trupul Său va fi frânt asemenea pâinii. Iar mai târziu, după masă, atunci când a oferit paharul cu vin, așa cum se obișnuia, El a asemuit vinul cu sângele Său care urma să fie vărsat și le-a cerut prietenilor Săi să țină minte sacrificiul Său și să-și amintească moartea Lui de fiecare dată când rupeau pâine, sau beau vin.

Nu există nicio dovadă că Isus ar fi avut de gând să fondeze o Biserică, sau să stabilească reguli privind viitoare ritualuri ecleziastice. El se opunea etichetei și ceremonialului pentru că Regatul Cerului pe care îl predica se găsea în inima omului și, de aceea, nu este surprinzătoare comemorarea întâmplării pe care creștinii primului secol o realizau doar în maniera descrisă mai sus. Vine momentul schimbării ritualului. În Evanghelia după Sf. Ioan (în jurul anului 105 d.Hr., probabil), Cina cea de Taină este omisă în mod deliberat, ca și cum nu ar fi constituit o bază pentru noua solemnitate care se adăuga ritualului și în locul acesteia este introdus un paragraf lung[209], care pretinde a reda vorbele lui Isus. Conform paragrafului, Isus a spus că El este pâinea vieții, pâinea vie, că trupul Lui este cu adevărat o hrană și sângele Lui este cu adevărat o băutură și că oamenii vor avea viață veșnică doar dacă mănâncă trupul Său și dacă beau sângele Său. De fapt, această evanghelie a cărei autoritate nu era recunoscută de Biserica timpurie, este singura în care se vorbește despre Isus drept „pâine" și „apă". Vine apoi cea din urmă evanghelie sinoptică, aceea după Sf. Matei[210] (100-110 d.Hr.), în care, după cuvintele „Acesta este sângele Meu, sângele legământului celui nou, care se varsă pentru mulți" cineva a adăugat „spre iertarea păcatelor", o interpolare confirmată, care acordă paragrafului un sens sacrificial.

---

[209] Ioan VI, 48-58.
[210] Matei XXVI, 28.

Aproximativ în aceeaşi perioadă în care masa servită în comun şi „ceremonia pomenirii" au fost schimbate în ritual sacru, vinul a fost înlocuit cu apa şi Iustin Martirul[211], care a scris în jurul anului 140 d.Hr., a descris cum credincioşii primeau, mai nou, pâine şi apă[212] de la diaconi şi cum aceste elemente erau considerate trupul şi sângele lui Isus. El adaugă că pâinea şi apa sunt folosite, de asemenea, ca împărtăşanie de adoratorilor lui Mitra, fapt pe care îl pune pe seama maşinaţiilor Satanei. În ceea ce priveşte pâinea, este semnificativ faptul că aceasta avea formă de azimă şi era însemnată cu o cruce, după cum se poate observă într-un basorelief descoperit în perioada modernă[213], care înfăţişează o împărtăşanie mitraistă. Apa a fost folosită în locul vinului timp de câţiva ani în multe comunităţi creştine, dar Irineu (în jurul anului 180 d.Hr.) vorbeşte despre apă amestecată cu vin şi este posibil ca acest obicei să fi condus în Evanghelia după Sf. Ioan la interpolarea aserţiunii că din rana din coasta lui Isus[214] cursese sânge amestecat cu apă. Totuşi, apa simplă se mai folosea şi în anul 250 d.Hr.. La sfârşitul secolului al IV-lea, însă, atunci când păgânismul a fost suprimat, folosirea apei a fost interzisă prin lege, încă un indiciu al faptului că acest obicei fusese împrumutat din ritualurile păgâne. Aş mai putea adăuga faptul că unii critici presupun că împărtăşania mitraistă comemora „cina cea de taină" a lui Mitra, în cadrul căreia el luase masa cu Helios înainte de a se înălţa la cer[215].

Cred că aceste elemente ilustrează faptul că Cina cea de Taină a fost transformată în baza unor influenţe mitraiste şi a altora de sorginte străveche, dintr-o simplă cină, într-un ritual sfânt şi, prin urmare, trebuie să căutăm originea noului său caracter sacrificial în cadrul religiilor mai vechi. În timpurile străvechi, canibalismul fusese practicat pe scară largă în vederea însuşirii virtuţilor persoanei ucise

---

[211] Iustin Martirul, *Apology* 1, cap. 65.
[212] Codex Othobonianus menţionează doar pâinea şi apa, dar în alte texte a fost interpolat cuvântul „vin".
[213] Imagine în Cumont, *Les Mysteres de Mitra*.
[214] Ioan XIX, 34.
[215] *Enciclopedia Britannica*, ediţia a 11-a, vol. XVII, p. 624.

prin consumarea trupului şi sângelui acesteia. Se obişnuia să fie consumat trupul unei victime sacrificiale, fie acesta om, sau animal, iar în situaţia în care victima respectivă era identificată cu divinitatea căreia îi era sacrificată, trupul şi sângele erau consumate pentru a realiza comuniunea cu divinitatea. Canibalismul încă nu dispăruse în totalitate din lumea civilizată în secolul I d.Hr., iar ritualurile care reprezentau o veritabilă substituţie a acestuia erau practicate pretutindeni. Este şi cazul misterelor lui Dionis, în cadrul cărora era consumată o reproducere simbolică a unui copil. În cazul misterelor lui Apollo, din Larissa[n132], profeţia era prezentată de o preoteasă care trebuia să bea sângele mielului sacrificial pentru a fi posedată de zeu. Tertulian spune, în jurul anului 200 d.Hr., că sângele uman era consumat, încă, în zona Romei în venerarea lui Jupiter[216]. Astfel, primii creştini trebuie să fi cunoscut bine ideea consumării trupului unui zeu şi s-ar putea spune că fraze de genul „Dacă nu mâncaţi trupul Fiului omului şi dacă nu beţi sângele Lui..."[217] puteau fi scrise doar de cineva crescut în preajma ritualurilor bazate pe canibalismul imemorial, pentru care ideea de a-şi devora zeul era perfect normală.

Ritualul creştin a căpătat prin asumarea acestor aspecte păgâne, o notă clară de canibalism, iar ideea transsubstanţierii, în baza căreia se credea că pâinea şi vinul devin corpul şi sângele lui Isus, s-a dezvoltat în grabă. Tertulian spune că preoţii aveau mare grijă să nu cadă pe jos nicio firimitură de pâine şi niciun strop de apă, ca nu cumva să fie rănit trupul lui Isus. Curând, în anumite comunităţi creştine, s-a format obiceiul de a aranja pâinea în formă de trup uman, astfel încât, unul dintre cei care se împărtăşeau putea mânca urechea lui Cristos, un altul, ochiul Său, un al treilea, degetul Său şi aşa mai departe, în baza poziţiei lor în ierarhia socială. În cele din urmă, Papa Pelagius I[n133] a interzis acest lucru. În anul 818 Paschasius[n134] a fost foarte tulburat de gândul că trupul lui Isus, odată mâncat, ar intra în procesul digestiv, iar în Evul Mediu au fost controverse aprinse cu privire la ce trebuia să se facă în situaţia în care o persoană ar fi vomat

---

[216] Tertulian, *Adversus Gnosticos*.
[217] N.T.: Ioan VI, 53.

după primirea împărtășaniei, sau dacă s-ar fi întâmplat ca un șoarece, sau un câine, să mănânce din trupul lui Dumnezeu[218]. În secolul al IX-lea, Hincmar din Reims[n135] a afirmat că singurul motiv în baza căruia pâinea sfântă mai avea încă aspect de pâine, după ce era schimbată în mod mistic în trupul lui Isus, era că Dumnezeu realizase că pentru cel care se împărtășea ar fi fost îngrozitor, de-ar fi fost să apară carne adevărată, crudă și însângerată.

În bula papală emisă de Papa Pius al IV-lea[n136] după Conciliul din Trent[n137], dogma privind transsubstanțierea este enunțată astfel: "Euharistia este realmente și în substanță, trupul și sângele, sufletul și divinitatea Domnului nostru Isus Cristos și are loc schimbarea în trup a întregii substanțe a pâinii și în sânge a întregii substanțe a vinului"[219]. Și în Crezul Bisericii Reformate din Elveția, din 1566, se menționează că momentul Euharistiei reprezintă „mestecarea sacră a trupului Domnului". După Reformă, Biserica anglicană a adoptat punctul de vedere potrivit căruia „trupul lui Cristos este consumat doar în chip spiritual". A respins transsubstanțierea, în calitate de exemplu de idolatrie. A dat dispoziții categorice în privința rezervei de împărtășanie[n138], în situația în care aceasta este venerată (după obiceiul romano-catolic) drept adevărat trup al Domnului[220] nostru. Cu toate acestea, ideea păgână care, după cum a fost menționat mai sus, a fost adoptată de Biserică în secolul al II-lea, reintră treptat în slujba anglicană, întrucât zeii vechi mor încetul cu încetul, iar instinctele canibalice ale rasei umane sunt prezente în stare latentă în misticismul său. Protestanții, însă, în lupta lor cu anglo-catolicii în ceea ce privește această chestiune, cred că se opun practicilor Papale. Par a nu realiza faptul că apără, de fapt, un tip de raționalism din secolul al XX-lea, de tradițiile imemoriale ale întregii lumi antice și păgâne.

---

[218] A. Walker, *Papalitatea*, ediția a doua, p. 174. Vezi și Enciclopedia Britannica, "Euharistie", etc..
[219] Conciliul din Trent, XIII, cap. IV, etc..
[220] *Doctrina Religioasă Oficială*, din Cartea de rugăciune.

CAPITOLUL XV

Originea ideii de ispășire a păcatelor

Doctrina Ispășirii păcatelor a fost considerată pentru atât de mult timp punctul central creștinismului, încât tendința de a-i reconsidera semnificația, care este evidentă în cercurile intelectuale creștine, reprezintă o surpriză pentru creștinii conservatori. Aceasta nu figurează ca dogmă în „Crezul Apostolic", exceptând măsura în care cuvintele „iertarea păcatelor" implică acest lucru. În „Crezul Sfântului Atanasie", care este recitat în Biserica anglicană cu ocazia anumitor sărbători, singura referire în acest sens o constituie cuvintele „Cristos, care a suferit pentru mântuirea noastră". Totuși, în cele 39 de articole ale Crezului anglican, atât de rar citite, cuvintele sunt clare: "Cristos a suferit pentru a-și face Tatăl să ne ierte și drept sacrificiu, nu doar pentru ispășirea păcatului originar, ci pentru toate păcatele omului"; "jertfa lui Cristos a adus ispășire pentru toate păcatele omului, atât originare, cât și actuale, iar aceasta este singura ispășire a păcatelor și nu mai există o alta în afara ei".

Doctrina, după cum este înțeleasă de creștinii conservatori, este pur și simplu aceasta: din cauza nesupunerii lui Adam, care a constat în consumarea unui măr simbolic, fapt care îi fusese interzis de Dumnezeu, păcatul și moartea au intrat în lume și începând din acel moment fiecare ființă umană s-a născut sub un blestem și a fost lipsită de beatitudinea cerurilor, cu excepția anumitor cazuri privilegiate. Dumnezeu, totuși, dorind în cele din urmă să încheie această situație și să refacă relațiile normale cu omenirea și-a trimis Fiul în lume, astfel încât Acesta să sufere o moarte sacrificială, considerată o răscumpărare deplină a fărădelegii lui Adam. Drept rezultat, creștinul nu mai este împiedicat de păcatul originar să meargă în Rai. Această restabilire a relațiilor normale între Dumnezeu și om este „punereade-acord" (sensul inițial al ispășirii), adică, marea reconciliere, care a fost prilejuită de valența împăciuitoare a suferințelor și morții lui Isus.

Trebuie clarificat de la început că în prezent, când acceptarea faptului că omul a evoluat din forme inferioare de viață i-a eliminat pe Adam și Eva din poveste și i-a trimis în zona mitului, ideile noastre despre păcatul originar au trebuit să fie ajustate. Prin acest termen creștinul se referă acum la tendința fiecărui om către păcat, pricinuită de natura lui brută, sau inferioară. Ajustarea, totuși, este făcută cu ușurință și niciun om, indiferent de cât de mult zâmbește în fața absurdului din legenda grădinii Edenului nu va nega faptul că intră în viață cu o încărcătură de rău potențial pe umeri, care poate fi denumită în mod nimerit păcat originar.

Mintea modernă nu este în dezacord cu ideile creștine primitive în această privință. Situația, însă, este diferită în ceea ce privește ispășirea acestor înclinații rele. Nu mai putem accepta doctrina teologică îngrozitoare care susținea că, dintr-un motiv de ordin mistic, era necesar un sacrificiu ispășitor. Jignește atât concepția noastră despre Dumnezeu, ca Atotputernic, cât și aceea despre El, ca Iubitor-a-tot-ceea-ce-există. Faimosul Dr. Cruden[221; n139] credea că în scopul acestui sacrificiu „Cristos suferise dureri îngrozitoare, care-i fuseseră cauzate de Dumnezeu", iar acesta este, bineînțeles, un punct de vedere care repugnă minții moderne și care poate fi numit o dogmă hidoasă, în linie cu tendințele sadice ale naturii umane primitive.

De fapt, are origini păgâne având în vedere că este, poate, relicva care prezintă cel mai pronunțat element păgân din cadrul Credinței și după cum voi arăta în capitolul următor, nu este susținută, bineînțeles, de niciuna dintre spusele lui Isus. În lumea antică era larg răspândită credința că suferințele și moartea zeilor aduc binefaceri omului. Adonis, Attis, Dionis, Heracle, Mitra, Osiris și alte zeități, erau toți zei-izbăvitori, ale căror morți erau considerate sacrificii pentru omenire. Trebuie remarcat faptul că, aproape în fiecare caz, sunt mărturii clare că zeul se sacrificase lui însuși.

---

[221] Cruden, Concordance.

În general, această idee despre un zeu care moare în folosul omenirii pentru ca mai apoi să învie, îşi are originea în faptul că natura pare să moară iarna şi să reînvie primăvara, fenomen care a condus la supoziţia că moartea este necesară vieţii şi că zeul implicat trebuie neapărat să moară, pentru a-şi asigura reînsufleţirea în creşterea recoltelor. Sacrificiile umane erau caracteristice multor religii timpurii şi sunt multe dovezi care indică faptul că persoana ucisă era considerată, în lumina scopului, identică cu zeul căruia îi era sacrificată. De exemplu, călăul era câteodată alungat în aparenţă, sau asuprit în baza unui ritual, după uciderea victimei, fapt care arată că victima era considerată sfântă. În plus, în cadrul acestor sacrificii umane exista adesea pretenţia înfiorătoare ca victima să se ofere, după modalitatea divină, din proprie iniţiativă. În acest scop împotrivirea îi era împiedicată prin administrarea unui drog, sau prin fracturarea membrelor.

Ideile centrale în cultul lui Adonis erau moartea şi învierea acestui zeu. El era ucis de un mistreţ, dar mistreţul era o încarnare a lui însuşi şi astfel zeul era atât călău, cât şi victimă. Această idee este expusă în Epistola către evrei[222], în care Isus este descris ca Marele Preot care s-a sacrificat pentru a înlătura păcatul. În mod asemănător, Mitra a sacrificat un taur, însă taurul era el însuşi. Lui Dionis îi erau sacrificaţi un ţap şi taur, care erau, însă, aspecte ale aceluiaşi zeu. Lui Artemis îi era sacrificat un urs, însă ursul respectiv, de asemenea, era Artemis însăşi. Şi aşa mai departe. În *Havamal* există o rună magică care se referă la sacrificiul zeului Odin, care spune: "Ştiu că spânzur de copacul bătut de vânturi timp de nouă nopţi încheiate, rănit de lance, închinat lui Odin, eu, mie însumi"[223]. Attis s-a auto-mutilat şi a murit, dar el era zeul-Tată şi totodată Fiul sacrificat.

Aşadar, ideea unui zeu care se sacrifica lui însuşi pentru izbăvirea păcatelor omului avea o largă răspândire. Sacrificiile umane considerate în general, fie că simbolizau în mod direct, sau indirect moartea benefică a zeilor, erau subiecte obişnuite de reflecţie şi

---

[222] Evrei IX, 11, 26,28.
[223] Frazer, Adonis, Attis, Osiris, cartea a 2-a, cap. V.

conversație. Tertulian spune că zeului Saturn îi erau încă sacrificați copii pe vremea când Tiberiu[224] era proconsul, iar Dio Cassius[n140] vorbește despre sacrificarea a doi soldați, închinată lui Marte, pe vremea lui Iulius Cezar[225; n141]. Ar mai putea fi prezentate și alte cazuri pentru a ilustra larga răspândire a credinței în eficacitatea sacrificiilor umane pe vremea lui Cristos. Evreii nu erau refractari la această idee. Povestea barbară despre Avraam, care fusese foarte aproape de a-și sacrifica fiul, nu provoca niciun fior. Diferitele spânzurări înaintea Domnului, asemenea spânzurării celor șapte prinți la începutul recoltării orzului[226], erau considerate evenimente normale, iar sacrificiul de tip Baraba, care a fost discutat în capitolul al VII-lea, pare să fi constituit un obicei împământenit.

În faimosul capitol al LIII-lea din cartea profetului Isaia fusese dezvoltată ideea unei personalități naționale, diferită de Mesia, care va fi ispășit păcatele națiunii prin suferința și moartea sa. Mai târziu, în Iudaism se acorda o mare importanță ideii că Israel își ispășise fărădelegile prin sângele celor drepți. Bineînțeles, niciun Evreu ortodox nu se gândise vreodată că Mesia cel promis ar fi trebuit să sufere. El urma să fie un erou victorios și un conducător divin. Însă ideea generală era că suferințele națiunii și moartea sfinților ei inocenți reprezentau ispășirea păcatelor și, firește, că un popor drept trebuie, neapărat, să fie un popor în suferință.

Concepțiile evreiești imemoriale privind sacrificiile pentru iertarea păcatelor erau bine împământenite pe vremea lui Cristos. Sacrificarea unui miel, a unei capre, sau a unui alt animal, pentru iertarea păcatelor era un lucru obișnuit. Țapul ispășitor, care purta toate păcatele națiunii și era condus în sălbăticie pentru a fi devorat de animalele sălbatice reprezenta o variantă a acestei practici. "Căci viața trupului este în sânge", spuneau vechile cuvinte teribile ale Legii, " și vi l-am dat ca să-l puneți pe altar, ca să slujească de ispășire pentru

---

[224] Tertulian, *Apologeticus*, IX.
[225] Dion Cassius, XLII, 24.
[226] 2 Samuel XXI, 9.

sufletele voastre, căci sângele ispășește sufletul"[227]. Și pe vremea când Isus propovăduia mesajul Său de iubire și bunătate, nu doar mintea evreilor era plină de astfel de gânduri privind măcelul sacrificial, dar, pretutindeni se considera că zeii păgâni au suferit și au vărsat sânge pentru omenire, în vreme ce altarele lor scoteau aburi din pricina sângelui victimelor umane și animale, torturate și ucise pentru iertarea păcatelor. De aceea, primii creștini erau dispuși să accepte o astfel de explicare a morții lui Isus și imediat ce au realizat faptul că Mesia însuși trebuia să fie torturat și să moară în chip de sacrificiu izbăvitor al păcatelor, au transformat nenorocirea care i se întâmplase Domnului într-un triumf sacrificial.

El era Mielul lui Dumnezeu, ucis astfel încât sângele Lui să spele păcatele lumii. Era cel mai înalt dintre toate sacrificiile tradiționale făcute de tații regali cu fiii lor regali. Era instanța supremă a divinității pe pământ, sacrificându-se pe Sine copiei sale din Ceruri! Faptul că Isus fusese crucificat în timpul Paștelui evreiesc rezolva chestiunea: El reprezenta pentru evreii convertiți sacrificiul Pascal fără cusur. Iar pentru prozeliții ne-evrei El era Adonis, cel de-a pururea tânăr, ucis de mistrețul care era el însuși. Era taurul lui Mitra, ucis de zeul care era el însuși. Era Heracle care se oferea drept sacrificiu, în focul sacrificial. Era Prometeu, înlănțuit de stâncă. Era Attis, mutilându-și propriul trup. Era Marele Preot, sacrificându-se zeului de la care provenea, ca jertfă pentru iertarea păcatelor. Era Fiul sacrificat de Tată pentru izbăvirea națiunii de demonii căutători de răzbunare.[228]

Natura sacrificială a crucificării și valoarea sacră a Patimilor deveniseră uimitor de clare, iar această interpretare nu ar fi avut evidență imediată dacă nu ar fi existat aceste credințe preistorice care să pregătească mintea pentru revelații. Isus nu a împlinit doar scripturile Iudaice, ci și pe cele ale lumii păgâne și în acest lucru se găsește marea atracție a creștinismului timpuriu. În El, o duzină de zei tenebroși era condensată într-o realitate imediată. În Crucificarea Sa,

---

[227] Leviticul XVII, 11.
[228] Vezi cap. al VII-lea.

poveștile vechi cu înfiorătoarele lor suferințe izbăvitoare și moartea lor sacrificială căpătau actualitate și le era conferit un înțeles direct.

În aceste condiții, nu este nicio surpriză că doctrina tenebroasă și sălbatică a Ispășirii a devenit dogma centrală a noii religii. Ceea ce surprinde este că aceasta continuă să fie predicată în secolul al XX-lea.

CAPITOLUL XVI

Dezvoltarea doctrinei ispășirii păcatelor

În ultimul capitol am arătat că ideea unui sacrificiu pentru ispășirea păcatelor în chip de justificare a „rușinii" crucificării apărea în mințile primilor creștini pentru că o astfel de idee era deja bine-cunoscută, atât în Iudaism, cât și în multe religii păgâne. Suferințele sacrificiale și moartea zeilor pentru binele omenirii, permiteți-mi să repet, reprezentau locuri comune în teologia păgână și chiar dacă evreii nu se gândiseră niciodată la Mesia ca la o persoană care ar fi trebuit să sufere, ei credeau că suferințele reprezentanților Israelului pentru ispășirea păcatelor erau cerute de scripturi. De aceea, după cum am mai spus, imediat ce evreii care erau discipoli ai lui Isus Cristos au realizat că moartea dezonorantă a Domnului lor era în acord cu profețiile mesianice și reprezenta punerea în fapt a ideii tradiționale a sacrificiului pentru ispășirea păcatelor, credința lor în divinitatea Lui a fost confirmată în mod glorios. Având în vedere că o astfel de ispășire era atât de bine înțeleasă de păgâni, chiar și ne-evreii care se convertiseră au găsit în aceasta elementul cel mai convingător al întregii chestiuni.

Isus nu a spus niciodată nimic care să poată fi interpretat cu siguranță în sensul iertării păcatelor originare, sau actuale și în sensul unei mari reconcilieri între Dumnezeu și om, drept consecință a morții

Sale. Nu a spus niciodată că moartea Lui trebuie să fie considerată un sacrificiu de izbăvire a păcatelor. Cuvintele „Fiul omului a venit... să-Și dea viața răscumpărare pentru mulți"[229] reprezintă, în mod evident, un comentariu al autorului evangheliei, nu cuvintele lui Isus. Chiar dacă ar fi fost rostite de Isus, acestea puteau însemna doar că El a trăit pentru a aduce altora fericire, astfel încât era pregătit să moară singur pentru cauza Sa, fără a-și implice discipolii.

În general, se presupune că vorbele pe care le folosește la Cina cea de Taină indică natura sacrificială și izbăvitoare a morții Lui. Este însă vorba despre o interpretare greșită. Isus spune în Evanghelia după Sf. Marcu: "Acesta este sângele Meu, sângele legământului celui nou, care se varsă pentru mulți"[230], iar în Evanghelia după Sf. Luca, spune: "Acest pahar este legământul cel nou, făcut prin sângele Meu, care se varsă pentru voi"[231]. Numai în Evanghelia după Sf. Matei, scrisă mult mai târziu, sunt adăugate cuvintele „spre iertarea păcatelor"[232]. "Cel mai precaut critic", scria răposatul decan de Carlisle, "nu va ezita să trateze această adăugare drept o glosă a autorului evangheliei"[233], iar semnificația celorlalte cuvinte ar putea fi, foarte simplu, că El avea de gând să-și sacrifice viața pentru prietenii Lui și să moară pentru cauză.

Isus cel real și istoric nu S-a preocupat niciodată în legătură cu misterele teologiei. Viața Lui a fost simplă și deschisă, iar baza învățăturilor Sale a fost că Dumnezeu este Tatăl iubitor care va ierta păcatele doar cu condiția căinței sincere. Se poate presupune că El ar fi fost consternat în fața tezei că Dumnezeu nu fusese iubitor în privința oamenilor, ci le arătase o mânie implacabilă care putea fi calmată doar prin tortura și execuția rușinoasă a lui Mesia. Sf. Pavel avea, însă, o minte teologică și după ce a fost convins de cei de la care

---

[229] Marcu X, 45.
[230] N.T.: Marcu XIV, 24.
[231] N.T.: Luca XXII, 20.
[232] N.T.: Matei XXVI, 28.
[233] H. Rashdall – *The Idea of Atonement*.

învățase credința[234] de faptul că Isus murise pentru a izbăvi prin sacrificiul Său ticăloșia oamenilor, a dezvoltat ideea cu entuziasm.

El nu a stăruit asupra dogmei care stabilea că moartea unei victime nevinovate ar fi calmat mânia lui Dumnezeu, ci a pus în față punctul de vedere potrivit căruia „Dumnezeu era în Cristos, împăcând lumea cu Sine"[235], o poziție diametral opusă față de aceea din cele 39 de articole ale Crezului anglican, în care se spune că „Hristos a suferit pentru a-și face Tatăl să ne ierte". Totuși, avea cu siguranță în minte ideea de sacrificiu, pentru că spune: "Dumnezeu L-a trimis pe Fiul Său ca jertfă de ispășire a păcatelor"[236], "căci Hristos, Paștele[237] nostru, a fost jertfit"[238], "Suntem socotiți neprihăniți (adică, grațiați) prin sângele Lui"[239] și așa mai departe. Nu este sigur că Epistola către Efeseni este o scrisoare care-i aparține cu adevărat lui Pavel, însă regăsim acolo dogma că Isus Cristos „S-a dat pe Sine pentru noi ca un prinos și ca o jertfă de bun miros lui Dumnezeu"[240].

În Epistola către evrei, în privința căreia s-a stabilit că nu a fost scrisă de Sf. Pavel, ci de un autor necunoscut, este accentuată natura sacrificială a Patimilor lui Cristos. Se spune că Isus a izbăvit păcatul prin sacrificiul de Sine. El este Marele Preot care se ucide pe Sine, pentru că legea spune că fără vărsare de sânge nu poate exista izbăvirea păcatelor, iar de data aceea, pentru izbăvirea definitivă era nevoie de victima cea mai însemnată. El a fost nevoit „să guste moartea pentru toți"[241], a trebuit să facă „jertfa de ispășire pentru păcatele oamenilor"[242], a trebuit să „șteargă păcatul prin jertfa Sa"[243], a trebuit

---

[234] 1 Corinteni XV, 3.
[235] 2 Corinteni V, 19.
[236] N.T.: 1 Ioan IV, 10.
[237] Pâine sfințită care se împarte la biserică în ziua de Paște; pască.
[238] N.T.: 1 Corinteni V, 7.
[239] N.T.: Romani V, 9.
[240] Efeseni V, 2.
[241] N.T.: Evrei II, 9.
[242] N.T.: 1 Ioan II, 2.
[243] N.T.: Evrei IX, 26.

să „obţină răscumpărare veşnică pentru noi, nu cu sânge de ţapi şi de viţei, ci cu însuşi sângele Său"[244].

Întâia Epistolă a Sfântului Petru accentuează suferinţele pe care le-a implicat sacrificiul şi eficacitatea sângelui. Creştinii sunt aleşi „spre ascultarea şi stropirea cu sângele lui Isus Hristos"[245] şi ei sunt „răscumpăraţi cu sângele scump al lui Cristos, Mielul fără cusur şi fără prihană"[246], "care a purtat păcatele noastre în trupul Său pe lemn"[247].

Totuşi, Epistola Sfântului Iacob, care prezintă mai multe citate şi referiri la învăţăturile lui Isus decât oricare altă epistolă şi care respiră spiritul Domnului, este în opoziţie cu scrierile lui Petru şi ale lui Pavel. Nu se face referire la sacrificiul reprezentat de Crucificarea Sa şi din acest motiv cei ce cred cu tărie în Ispăşirea păcatelor, nu o privesc cu ochi buni. Luther[n142], de altfel, a numit-o „o epistolă de paie".

Desigur, Apocalipsa lui Ioan este plină de ideea sacrificială. "Cristos ne-a spălat de păcatele noastre cu sângele Său"[248] şi a „răscumpărat pentru Dumnezeu, cu sângele Lui, oameni de orice seminţie"[249] şi proslăvirea Mielului sacrificial reverberează în toată înfricoşătoarea compoziţie. Şi în Evanghelia după Sf. Ioan, care aparţine aceleiaşi şcoli de gândire, Isus este numit „Mielul lui Dumnezeu, care ridică păcatul lumii"[250].

În toate cărţile Noului Testament se pretinde că moartea lui Isus era o necesitate, însă nu ni se spune nicăieri cum apăruse această necesitate, sau în ce fel a folosit moartea Sa păcătoşilor, întrucât afirmaţia că sacrificiul Său l-a reconciliat pe om cu Dumnezeu şi a plătit preţul păcatului, lasă încă în minte un „De ce?" şi un „Cum?". În realitate, diferiţii autori ai cărţilor canonice, erau atât de obişnuiţi cu ideea pre-creştină a sacrificiului expiator şi cu ispăşirea păcatelor, încât le acceptau fără a intra în esenţa problemei. Acest caracter vag

---

[244] N.T.: Evrei IX, 12.
[245] N.T.: 1 Petru I, 2.
[246] N.T.: 1 Petru I, 19.
[247] 1 Petru II, 24.
[248] N.T.: Apocalipsa I, 5.
[249] N.T.: Apocalipsa V, 9.
[250] N.T.: Ioan I, 29.

nu era, însă, pe placul Părinților apostolici timpurii. În secolul al II-lea d.Hr., Irineu și după el alți scriitori au explicat doctrina prin ceea ce este numit „Teoria Răscumpărării", care afirmă că Diavolul era stăpânul îndrituit al omenirii după căderea lui Adam și că Dumnezeu, neputând să ia supușii lui Satan în justiție deplină fără a plăti o răscumpărare pentru aceștia, i-a dat la schimb propriul Fiu încarnat. După aceasta, Satan a adus moartea pe cruce doar pentru a realiza că Dumnezeu îl păcălise, întrucât Cristos era nemuritor și a zburat înapoi, în cer.[251]

Aceasta a fost explicația ortodoxă a morții lui Cristos timp de aproape o mie de ani, până când Anselm[n143], arhiepiscop de Canterbury (1093) și Abelard[n144], câțiva ani mai târziu, au avut curajul să nege faptul că Satan a avut vreodată drepturi asupra omenirii, pe care Dumnezeu a fost obligat să le respecte. Abelard și-a plătit temeritatea printr-o condamnare la închisoare pe viață. Totuși, învățăturile sale și-au atins ținta și speculațiile târgului cu Diavolul și ale festei pe care i-a jucat-o Dumnezeu, au ieșit din lumină.

Acest lucru a întors Biserica la teoria augustiniană care spunea că toți oamenii erau osândiți de Dumnezeu la chinuri eterne, dar că Isus își rugase Tatăl să-L lase să moară în locul lor, iar Dumnezeu acceptase această moarte de o valoare mai mare decât acelea ale întregii omeniri și îi exonerase de soarta anterioară, inevitabilă, a damnațiunii veșnice. Concepțiile romano-catolicilor și ale protestanților au rămas asemănătoare în această privință. Luther și alți reformatori, însă, au fost categorici în această privință și au afirmat că Hristos „S-a oferit cu adevărat Tatălui Său pentru osânda veșnică, în numele nostru". În zilele noastre, probabil că doctrina Armatei Salvării[n145] aduce cea mai flagrantă interpretare a Patimilor Mântuitorului în chip de sacrificiu izbăvitor, iar ideea ca păcătoșii să fie stropiți, sau spălați cu sângele victimei ucise pentru a fi izbăviți de păcate conduce, încă, la aceeași frenezie la care conduceau Taurobolium[n146], o ceremonie sacrificială în cadrul căreia adoratorii lui Cibele erau spălați cu sângele unui taur sacrificial, pentru a fi astfel „născuți din nou", sau ritualurile mitraiste,

---

[251] H. Rashdall, *The Idea of Atonement*, p. 248.

în cadrul cărora o baie-de-sânge asemănătoare constituia o parte a ceremoniei inițiatice.

Acum, gânditorii creștini progresiști consideră Crucificarea Domnului sacrificiul suprem pe care El l-a făcut pentru principiul învățăturilor Sale. A reprezentat încoronarea vieții Sale eroice și oferă omenirii un exemplu de un sublim care, s-ar putea spune, face contemplarea sa să producă o armonizare cu Sursa bunătății. Se observă tendința de a respinge doctrina inițială a izbăvirii prin sacrificiu, pentru că este legată în mod evident de credințele barbare și preistorice, dar gustul omului pentru sânge și mistere sacrificiale este extrem de stăruitor, drept pentru care este de așteptat ca *Doctrina Izbăvirii Păcatelor* să mai fi predicată încă mulți ani. Este o parte esențială a teologiei creștine, dar, nu-i mai puțin adevărat, nu are nicio legătură cu Isus, cel din istorie.

CAPITOLUL XVII

Divinitatea lui Isus

Isus a fost recunoscut oficial de Biserică drept Dumnezeu pentru întâia oară în cadrul conciliului de la Niceea, în anul 325, adică, la aproximativ 3 secole după Crucificare. Înainte de această recunoaștere oficială, creștinii, în general, nu Îl considereseră o divinitate efectivă. Este adevărat că ideea că El se oferise Lui Însuși, care era implicită în teoria timpurie a sacrificiului Său izbăvitor, Îl lega de Ființa Supremă în mod indisolubil. Dar ideea nu fusese dezvoltată și mintea creștină a începuturilor se oprea înaintea doctrinei revoluționare conform căreia Isus este Dumnezeu.

Acest lucru va surprinde creștinul obișnuit pentru că în Noul Testament se poate citi o interpretare a naturii Domnului nostru care a fost stabilită doar după ce trecuseră aproape 2 secole din momentul în care fusese scrisă ultima dintre cărțile sale. Ar fi bine, de aceea, să ne întoarcem la cele dintâi documente și să studiem dezvoltarea credinței că Isus este Dumnezeu.

Epistolele Sfântului Pavel, scrise între anii 52 și 64 d.Hr., reprezintă sursa cea mai veche la dispoziția noastră. În cadrul acestora Isus este considerat Unsul, Cel desemnat de Dumnezeu, Ființa Supremă, dar total diferit de Acesta. "Mulțumesc Dumnezeului meu", spune Sf. Pavel, "prin Isus Cristos, pentru voi toți"[252]; vorbește despre „Dumnezeu, Tatăl nostru, și Domnul Isus Cristos"[253], sau " Dumnezeul Domnului nostru Isus Cristos"[254]. "Pentru noi", spune el, "nu este decât un singur Dumnezeu, Tatăl, de la care vin toate lucrurile"[255] și vorbește despre revelația „lui Dumnezeu în ceea ce Îl privește pe Fiul Său, născut din sămânța lui David, în ce privește trupul și declarat Fiul lui Dumnezeu, în ce privește Duhul sfințeniei"[256].

Faptul că Sf. Pavel îl considera pe Isus Cristos fiul lui Dumnezeu nu înseamnă că Îl considera Dumnezeu, după cum suntem în mod imprudent înclinați să presupunem. Mesia era numit Fiul lui Dumnezeu, dar niciun evreu nu l-a considerat vreodată Dumnezeu. Chiar și Adam ar putea fi numit fiul lui Dumnezeu[257], iar toți credincioșii erau socotiți fiii lui Dumnezeu[258]. Trebuie reamintit faptul că pe vremea primilor creștini era răspândită ideea că zeii aveau obiceiul de a procrea pe pământ. Perseu era fiul lui Zeus și al unei muritoare. Hercule era fiul lui Zeus și al Alcmenei. Unii oameni credeau că Platon era fiul lui Apollo. Pitagora era fiul unui zeu. Apollonius din Tyana, un contemporan al lui Isus, era fiul zeului Proteu[n147]. Și așa mai departe. Era un punct de vedere logic având în vedere că zeii înșiși erau considerați doar un fel de oameni la superlativ. Zeus, sau Jupiter,

---

[252] Romani I, 8.
[253] 1 Tesaloniceni I, 1.
[254] Efeseni I, 17.
[255] 1 Corinteni VIII, 6.
[256] Romani I, 3, 4.
[257] Luca III, 38.
[258] Romani VIII, 14; etc.

era un bărbat mare și bărbos, Apollo era un tânăr bine-bărbierit și însuși Iehova se putea plimba într-o grădină pentru a savura răcoarea serii.[259] Aceste vechi divinități, deși nemuritoare, trăiseră și muriseră pe pământ și erau, deci, foarte asemănătoare oamenilor. Mormântul lui Zeus se găsește în Creta, mormintele lui Dionis și Apollo, la Delfi, mormântul lui Kronos, în Sicilia, cel al lui Hermes, la Hermopolis[n148], cel al Afroditei, în Cipru și așa mai departe. Zeii erau doar supra-oameni și, bineînțeles, puteau avea copii. În concepția păgână, însă, un fiu al lui „Dumnezeu" nu era, neapărat, el însuși o divinitate. Era creația lui „Dumnezeu" și poseda, de aceea, divinitate, dar numai în sens limitat. Totuși, Sf. Pavel credea că Hristosul, chiar dacă nu era Dumnezeu, era un agent extern al lui Dumnezeu care existase înaintea Creației și care „n-a crezut ca un lucru de apucat să fie deopotrivă cu Dumnezeu"[260].

În Apocalipsa după Sf. Ioan, cea de-a doua carte din punct de vedere cronologic din Noul Testament, Isus este încă Hristosul, Fiul lui Dumnezeu, dar nu este Dumnezeu Însuși. Situația este aceeași în Faptele Apostolilor, după cum se înțelege, de exemplu, din cuvintele: "Din sămânța acestui om (a lui David), Dumnezeu a ridicat un Mântuitor, pe Isus și prin acest om este predicată iertarea păcatelor"[261], sau din acestea: "El (Dumnezeu) va judeca lumea după dreptate, prin Omul pe care L-a rânduit pentru aceasta"[262]. În evangheliile sinoptice, de asemenea, Isus este diferit de Dumnezeu și El pare chiar să respingă ideea că este identic cu Dumnezeu. El spune, așadar, "De ce mă numești binele? Binele este Unul singur, adică Dumnezeu"[263] și „A ședea la dreapta și la stânga Mea nu atârnă de Mine s-o dau"[264]. Strigătul Lui de pe cruce, "Dumnezeul Meu, Dumnezeul Meu, de ce m-ai abandonat?[265]" nu este strigătul cuiva care credea că este Dumnezeu, iar aceasta și celelalte expresii nu ar fi

---

[259] Geneza III, 8.
[260] Filipeni II, 6.
[261] Faptele Apostolilor XIII, 23.
[262] Faptele Apostolilor XVII, 31.
[263] Matei XIX, 17.
[264] Matei XX, 23.
[265] N.T.: Matei XXVII, 46.

fost consemnate dacă autorii evangheliilor ar fi căutat să-L pună în fața cititorului drept cineva care nu poate fi distins de Dumnezeu.

În aceste evanghelii, atunci când vorbește despre Sine, El se numește „Fiul Omului", care era în aramaică termenul obișnuit pentru desemnarea unei ființe umane, dar avea un sunet Mesianic în Ebraică datorită folosirii sale în cartea lui Daniel[266] și aproape că putea fi interpretat prin sintagma „Omul Destinului". Iehova îl numea „Fiul Omului"[267] pe profetul Ezechiel, atunci când i se adresa, ca și cum așa i s-ar fi potrivit unei Divinități care vorbea cu un muritor. În realitate era o denumire care implica o comandă de la Dumnezeu, dar nega orice pretenție la divinitate. De fapt, pe parcursul secolului I, nimeni nu ar fi visat să-l considere pe Isus, Dumnezeu. El era Hristosul, Mântuitorul trimis de Dumnezeu, Fiul lui Dumnezeu, Intermediarul dintre Dumnezeu și om și, într-un fel misterios, existase mereu în dreapta lui Dumnezeu, chiar și înainte de încarnare. Dar nu trebuia confundat cu Ființa Supremă.

Totuși, în Evanghelia după Sf. Ioan, care a fost scrisă în secolul al II-lea, dar nu a fost larg acceptată la început, se înregistrează un progres. De această dată Isus este denumit *„singurul* Fiu al lui Dumnezeu"[268], un termen care mai este folosit doar în cea dintâi Epistolă a Sfântului Ioan[269]. Chiar astfel stând lucrurile, El era oricum diferențiat de Tatăl. Devenise încarnarea *„Logos*-ului", sau „Cuvântului", care era „dinamicul divin", Factorul activ prin care Dumnezeu se revela și totuși nu trebuia înțeles ca Dumnezeu Însuși, cu toate că putea fi folosită o frază de genul „Cuvântul era cu Dumnezeu și Cuvântul era Dumnezeu"[270], iar Toma Îl putea numi pe Isus „Domnul meu și Dumnezeul meu"[271] și se presupune că Însuși Isus putea spune

---

[266] Daniel VII, 13.
[267] Ezechiel II, 1 și în alte părți.
[268] Ioan III, 16.
[269] 1 Ioan IV, 9.
[270] Ioan I, 1-5, 14.
[271] Ioan XX, 28.

despre Sine: "Cine M-a văzut pe Mine, a văzut pe Tatăl"[272]. În această evanghelie, Isus I se adresează lui Dumnezeu astfel: "Tu M-ai iubit înainte de întemeierea lumii"[273], dar distincția se observă, încă, în vorbele Sale: "Și viața veșnică este aceasta: să Te cunoască pe Tine, singurul Dumnezeu adevărat și pe Isus Cristos, pe care L-ai trimis Tu"[274], "Mă sui la Dumnezeul Meu și Dumnezeul vostru"[275] și „Eu nu pot face nimic de la Mine Însumi"[276].

Acceptarea treptată a teoriei *Logos*-ului, care fusese însușită de autorul Evangheliei după Sf. Ioan din filosofia lui Philon, un evreu elenizat din Egipt, a avut multă influență în identificarea lui Isus Cristos cu Dumnezeu și a schimbat, cu siguranță, definiția naturii Domnului nostru față de cea a creștinilor din primul secol. Se făcea simțită influența concepției păgâne. De origine păgână era însăși ideea *Logos*-ului, cu toate că fusese introdusă în Iudaism în vremurile primordiale. Aș putea menționa faptul că în mitraism se regăsesc multe indicii în privința acesteia, Mitra fiind considerat principiul soarelui, mai degrabă decât soarele în sine. Aceeași idee apăruse deja în cultul lui Aton, în Egipt, în secolul al XIV-lea î.Hr.[277].

Mitra era considerat deopotrivă zămislit de, dar și egalul lui Ormuzd, Creatorul. Adonis, care murise și înviase din morți era el însuși „Dumnezeu". Attis, care murise și înviase era, sub un aspect, "Dumnezeu Tatăl"[278]. Osiris care, din nou, murise și înviase, era un zeu-tată și așa mai departe. Era un lucru firesc, de aceea, ca și creștinismul să-și identifice Fondatorul cu Dumnezeu. Această idee întâlnise totuși o largă opoziție, deși trecuse prin mințile scriitorilor creștini din cel de-al II-lea și cel de-al III-lea secol. La începutul

---

[272] Ioan XIV, 9.
[273] Ioan XVII, 24.
[274] Ioan XVII, 3.
[275] Ioan XX, 17.
[276] Ioan V, 30.
[277] Weigall, *Akhenaton, Viața și Epoca Sa*, p. 92, 97.
[278] Frazer, *Adonis, Attis, Osiris*, p. 174.

secolului al IV-lea, Lactantius[279; n149], un „Părinte" creştin, a afirmat că Isus este Căpetenia Îngerilor care nu a pretins niciodată a fi Dumnezeu, ci numai mesagerul lui Dumnezeu, iar nu mai târziu de 330 d.Hr., Aphraates[280], un alt „Părinte", declara că El nu este Dumnezeu. Conflictul cu Arianismul[n150] a condus la adoptarea generală a doctrinei învingătorilor, adepţi ai Sfântului Atanasie, privind divinitatea lui Isus. Crezul Apostolilor care nu afirmă că Isus este Dumnezeu, dar spune: "Cred în Dumnezeu, Tatăl atotputernicul, făcătorul cerului şi al pământului şi în Isus Cristos, Fiul Său, unul născut", a fost înlocuit de Crezul de la Niceea: "Cred în Dumnezeu, Tatăl atotputernicul... şi în Domnul Isus Cristos, făcut de Tatăl Său înaintea tuturor lumilor, Dumnezeul Dumnezeilor... care este consubstanţial cu Tatăl".

Acesta a fost urmat de Crezul Atanasian (despre care voi vorbi mai târziu) în cadrul căruia este introdusă ideea Trinităţii egale şi Isus este declarat egal în mod absolut cu Dumnezeu Tatăl. În acest Crez, printre altele, apar faimoasele, sau mai bine zis scandaloasele stipulaţii ale damnării, care proclamă moartea veşnică pentru toţi cei care nu acceptă învăţătura sa. Aceste stipulaţii, după cum am văzut, i-ar fi damnat chiar pe apostoli, întrucât toţi creştinii din secolul I şi cea mai mare parte a celor din secolul al II-lea, ar fi considerat blasfemie curată afirmaţia că Isus Cristos era una cu Dumnezeu Tatăl, în timp ce aceia din secolul al III-lea, ar fi ezitat în privinţa unei astfel de definiţii, chiar ajutaţi fiind de teoria *Logos*-ului.

Totuşi, în ciuda acestor crezuri oficiale, mintea obişnuită a făcut distincţie între divinitatea lui Isus şi Divinitatea Tatălui. În secolul al VII-lea, Profetul Mahomed care era foarte bine informat a înţeles că religia creştină are doi Dumnezei, nu unul. În Coran se presupune că Atotputernicul I s-a adresat lui Isus în modul următor: "Ai spus tu omenirii, «Luaţi-mă drept Dumnezeu, pe lângă Dumnezeu?»" şi Isus răspunde: "Nu se cade să spun ceea ce ştiu că nu reprezintă adevărul"[281]. Astfel, până în ziua de astăzi, cei 200 de milioane[282] de

---

[279] Lactantius – *On True Wisdom*, cap. XIV.
[280] Aphraates, *Homily* XVII.
[281] Coran: Sura V.

musulmani din lume îl onorează pe Isus drept „Spirit al lui Dumnezeu", dar declară, asemenea Unitarienilor[n151], că Divinitatea există doar în Ființa Supremă.

Totuși, creștinului ortodox din ziua de astăzi i se impune să creadă că Isus a fost singura încarnare a unei personalități eterne sau a unui aspect al Divinității, care nu a avut început, ci a fost de-a pururea Dumnezeu Fiul și a fost de-a pururea identic și egal cu Dumnezeu Tatăl din toate punctele de vedere.

Personal, prefer să evit o definiție atât de exactă întrucât chestiunea este stabilită de intuiție mai ușor decât o pot exprima cuvintele. Învățăturile lui Isus cel din istorie și produsele minții Sale îndeplinesc din punct de vedere etic și spiritual cea mai înaltă noțiune a noastră cu privire la mintea lui Dumnezeu și, prin urmare, Domnul nostru poate fi considerat sub aspectul unei divinități de ordin mental. În plus, dacă mintea umană poate concepe un Dumnezeu, aceasta trebuie să conceapă o ipostază a lui Dumnezeu orientată, în special, către omenire, ipostază pe care am putea să o descriem prin *Logos*, sau activitate divină. În acestă lumină mintea lui Isus poate fi considerată manifestarea finită și pământească a dinamicii infinite și etern-potențiale a Divinității. Acest lucru nu exclude, însă, apariția acelui principiu în alte ființe pe această planetă, sau pe o alta și tot ce se poate spune în această privință este că istoria umană nu consemnează nicio altă manifestare de desăvârșirea lui Isus. În lumea spirituală, timpul nu poate exista, iar trecutul și viitorul trebuie să fie contopite într-un prezent nețărmurit, după cum exprimă cuvintele: "Mai înainte ca să se nască Avraam, sunt Eu"[283]. De aceea, nu este etern doar *Logos*-ul, dar încarnarea sa, Isus Cristos, este veșnică din punct de vedere spiritual și este la fel de apropiată nouă, acum, așa cum era El față de discipolii Lui pământești. El este Domnul nostru în secolul al XX-lea la fel cum era în secolul I. Denumiri de tipul „singurul Fiu al lui Dumnezeu", "Dumnezeu, consubstanțial cu Tatăl și Om, consubstanțial cu Mama Sa", "Care a coborât din Ceruri", "Care stă în

---

[282] N.T: În anul 1900. 1,6 miliarde în anul 2010.
[283] Ioan VIII, 58.

dreapta lui Dumnezeu" şi aşa mai departe, sunt împrumutate în mod evident din concepţia păgână şi sunt prea rudimentare pentru a fi acceptate de mintea modernă. Divinitatea Lui a fost, după cum am văzut, definită în mod diferit în timpul primelor 3 secole. În prezent aceasta trebuie redefinită pentru a întâmpina necesităţile minţilor de astăzi, iar noua definiţie trebuie să fie mult mai puţin categorică.

CAPITOLUL XVIII

Sfânta Treime

Reflecţia spirituală trebuie să rămână mereu în afara sferei investigaţiei exacte şi dincolo de modurile de exprimare obişnuite. De exemplu, oricărui om i-ar fi zadarnic să încerce să dovedească existenţa lui Dumnezeu pe cale logică, întrucât, dacă această chestiune ar fi supusă mediului cuvintelor ea ar căpăta, de îndată, substanţialitate, ar căpăta o densitate pe care nu o posedă de fapt. Dacă postulăm existenţa lui Dumnezeu întâlnim aceeaşi dificultate în a-i defini natura. Cineva s-ar mulţumi să râdă dacă un grup de aborigeni s-ar opri puţin din bătaia tobelor pentru a discuta muzica lui Wagner. Este însă şi mai comic spectacolul unui conciliu al unor episcopi creştini timpurii, extrem de limitaţi conceptual, care discută tocmai natura incomprehensibilă a lui Dumnezeu Atotputernicul şi ajung la nişte concluzii rigide cu care nouă încă ni se cere să fim de acord.

În ziua de astăzi, în calitate de creştini, recunoaştem o Trinitate, adică trei persoane în un Dumnezeu. Această descriere nu poate însă reprezenta mai mult decât o soluţie practică pentru mintea analitică modernă. Dumnezeu nu este, cu siguranţă, o Persoană şi nici trei Persoane, în sensul în care noi suntem obişnuiţi să înţelegem cuvântul

„Persoană". El este un spirit fără formă şi nemărginit. Nu are poziție, sau loc în spațiu, sau timp, pentru că El este Alfa şi Omega, Începutul şi Sfârşitul, o esență care pătrunde toate lucrurile şi toate timpurile. Dacă se presupune că El este o forță imensă care susține lumea, va fi greu să nu fie introduse calități pur materiale în acest concept, cum ar fi mărimea, sau greutatea, aproape cum s-ar spune mărimea în mile şi greutatea la cântar. El nu este rege, sau conducător în vreun sens pe care noi îl putem înțelege, pentru că ideea despre un individ care conduce alți indivizi este o concepție care aparține vieții umane şi celei animale şi nu există, probabil, în lumea spirituală. Simțurile noastre şi sfera noastră mentală nu pot furniza nicio idee despre cunoaşterea Sa cuprinzătoare a tuturor lucrurilor. Este chiar nedemn să se vorbească despre Ființa divină, folosind termenii „El", sau „Lui", pentru că aceştia conțin o referire la gen, iar în sfera spirituală nu există aşa ceva.

Dumnezeu, după cum spun scripturile, este un Spirit omniprezent, omnipotent, care percepe totul în chip exhaustiv, total incomprehensibil pentru simpla rațiune, dar, care poate fi cunoscut într-o oarecare măsură pe cale spirituală, detaşată de noțiunile materiale. De aceea, în van ne folosim mintea pentru a afla dacă El este Trei în Unul, sau Mulți în Unul, sau, pur şi simplu Unul. El transcende numerele, scapă împărțirilor, sau unificărilor mintale şi este peste definițiile din Politeism, sau Monoteism, aşa cum infinitul este peste finit. El este Totul, în sens spiritual, este Întregul şi, de aceea, nu poate fi mai mult decât Unu, nici mai puțin decât toate părțile posibile ale lui Unu. El este personal în măsură în care ne pătrunde pe fiecare dintre noi şi este impersonal în măsură în care pătrunde orice. Fiind dincolo de ideea umană de mărime şi în afara concepției noastre tridimensionale a poziției, se poate spune că El se găseşte în cel mai mic punct al spațiului, sau în cea mai întinsă parte a acestuia, întrucât mărimea, sau micimea nu au nicio însemnătate în materie spirituală. De fapt, tot ce încearcă să spună această analiză, este că El este acronic, fără formă, nelimitat de spațiu, poziție, mărime, număr, sau orice altă considerație de ordin material şi că este concomitent Întregul şi toate părţile, sau aspectele care compun Întregul.

Ideea unei Trinităţi egale oferă, totuşi, mijloace rezonabile de exprimare a inexprimabilului, însă nu trebuie pierdut din vedere faptul că Isus Cristos nu a menţionat niciodată acest fapt şi cuvântul „Trinitate" nu apare în Noul Testament. Ideea a fost adoptată de Biserică doar la 300 de ani după moartea Domnului, iar originea acestei concepţii este în totalitate păgână.

În secolul al IV-lea î.Hr., Aristotel a scris: "Toate lucrurile sunt trei şi totul este de trei ori. Să folosim, deci, acest număr în venerarea zeilor, pentru că, după cum spunea Pitagora, toate lucrurile sunt marcate de numărul trei, întrucât sfârşitul, mijlocul şi începutul sunt în toate şi împreună compun Trinitatea"[284]. Egiptenii din vechime, care au avut o influenţă profundă asupra concepţiei religioase timpurii, îşi aranjau de obicei zeii şi zeiţele în trinităţi. Trinitatea compusă din Osiris, Isis şi Horus, trinitatea compusă din Amen[n152], Mut şi Khonsu, trinitatea compusă din Khnum[n153], Satis şi Anukis[n154] şi aşa mai departe. Trinitatea Hindusă, formată din Brahman, Siva şi Vishnu[n155], reprezintă încă unul dintre multele astfel de exemple larg răspândite ale acestei concepţii teologice.

Totuşi, creştinii timpurii nu se gândeau, la început, să utilizeze această idee în religia lor. Aceştia se închinau lui Dumnezeu Tatăl şi lui Isus Cristos, Fiul lui Dumnezeu şi recunoşteau existenţa misterioasă şi nedefinită a Sfântului Duh, însă nu sub forma de Trinitate egală şi unitară, iar Crezul apostolilor, care reprezintă articolul întâi constituit al religiei creştine, nu o menţionează.

Utilizarea vechii idei păgâne a trinităţii în teologia creştină a fost permisă de recunoaşterea Sfântului Duh drept cea de-a treia „Persoană", egală cu celelalte „Persoane". Ideea de Duh Sfânt, ca o emanaţie de la Dumnezeu, era cunoscută evreilor încă din timpurile străvechi, dar cuvântul care era folosit în limba ebraică, era *ruach*, literalmente, "vânt", sau „suflare", care a fost tradus în greacă prin *pneuma*, care înseamnă exact acest lucru, acţiunea Spiritului fiind

---
[284] Aristotel, *On the Heavens*, I.

descrisă, teologic, drept „pneumatică". Astfel, în Cartea Genezei, acolo unde este menționat faptul că Dumnezeu a suflat în nările lui Adam suflul vieții, se face referință la acest Spirit, care „se mișcase pe deasupra apelor" în actul anterior creației. Iov[285] spune că în nările sale se află Spiritul lui Dumnezeu și că „Duhul lui Dumnezeu m-a făcut și suflarea Celui Atotputernic îmi dă viață".

Această concepție a Sfântului Duh, drept vânt sau suflu al vieții se regăsește în alte religii antice și este relevată clar în rugăciunea către zeul Aton, scrisă pe sarcofagul Faraonului egiptean Akhenaton[n156] (1370 î.Hr.): "Respir dulcele suflu ce vine din gura ta... Îmi doresc să-ți pot auzi dulcea voce, adierea, astfel încât trupul să-mi fie întremat prin iubirea către tine. Întinde-mi mâinile tale, înzestrate cu spiritul Tău, ca să-l primesc și să trăiesc prin el"[286].

Toate evangheliile îi atribuie lui Isus referiri la Sfântul Duh, însă, numai în Evanghelia după Sf. Ioan, care nu se bucura de autoritate la începuturi, Domnul nostru conferă un fel de personalitate acestui Spirit atunci când vorbește despre Mângâietorul care se va pogorî peste ucenicii Săi. În orice caz, primii creștini cunoșteau această idee, întrucât Sf. Pavel vorbește despre Sfântul Duh, care „cercetează totul, chiar și lucrurile adânci ale lui Dumnezeu"[287] și își încredințează cititorii de „Harul Domnului Isus Cristos și dragostea lui Dumnezeu și împărtășirea Sfântului Duh"[288]. Botezul creștinilor în numele Tatălui și al Fiului și al Sfântului Duh pare să fi fost uzual și în zilele începuturilor, însă povestea pogorârii Sfântului Duh cu ocazia primei Cincizecimi (sărbătoarea ebraică, ținută la 50 de zile, după Paștele ebraic) se întoarce la concepția de mai înainte a Spiritului, drept „vânt", sau „suflare", pentru că este descris sosind ca „vâjâitul unui vânt puternic"[289].

---

[285] Iov XXVII, 3; XXXIII, 4.
[286] Weigall, *Akhenaton, Viața și Epoca Sa*, p. 202.
[287] 1 Corinteni II, 10.
[288] 2 Corinteni XIII, 14.
[289] N.T.: Faptele apostolilor II, 2.

Cu toate acestea, fie că a fost înțeles drept „suflarea divină a vieții", fie drept agent personal al lui Dumnezeu, diferit de *Logos*, ideea unui Spirit egal cu Dumnezeu nu avea să fie recunoscută, în general, până în cea de-a II-a jumătate a secolului al IV-lea d.Hr.. Școala lui Arius[n157] considera că Fiul fusese creat de Tatăl și că nu împărțise de la început eternitatea cu El. Acest lucru a făcut grupul opus să accentueze egalitatea dintre Tatăl și Fiul (așa cum Mitra, în cadrul marii religii rivale, în mitraism, era atât fiul lui Ormuzd, Creatorul, cât și egalul acestuia, în același timp) și să accentueze egalitatea Sfântului Duh cu Tatăl și Fiul.

În anul 381, conciliul de la Constantinopol a adăugat Crezului de la Niceea care fusese stabilit în anul 325 următoarea descriere a Sfântului Duh: "Domnul și dătătorul de viață, care vine de la Tatăl, care este venerat și proslăvit împreună cu Tatăl și cu Fiul". Însă Atanasie[n158], episcopul Alexandriei, în Egipt, era marele oponent al Arianismului și, după cum a fost menționat mai devreme, religia egipteană, care nu dispăruse încă, prezenta mai multe trinități. Așadar, Crezul lui Atanasie, care a fost realizat mai târziu, dar care reflectă concepția generală a lui Atanasie și a școlii sale, a formulat teza unei Trinități egale în cadrul căreia Sfântul Duh era cea de-a treia „Persoană". A fost realizată, astfel, o dogmă a creștinismului, iar credința în Trei în Unul și în Unul în Trei, a devenit o doctrină supremă a Lumii creștine, chiar dacă nu au lipsit revoltele îngrozitoare și vărsarea de sânge.

În Crezul de la Constantinopol se spune că Sfântul Duh vine de la Tatăl, dar, cu ocazia Sinodului de la Toledo din 589 a fost adăugat faimosul *filioque*, transformând propoziția în: "care vine de la Tatăl *și de la Fiul*", așa cum se găsește în ziua de astăzi în slujba de împărtășanie din Cartea de rugăciune a Bisericii anglicane. Acest lucru a iscat, însă, o furtună violentă și a devenit unul din principalele motive ale rupturii dintre Biserica de vest și Biserica de est, cea din urmă considerând că Spiritul a emanat numai de la Tatăl.

Mintea modernă a depășit faza în care se rătăcea în considerarea detaliilor neesențiale. Pe măsură ce conceperea caracterului divin se extinde și se dezvoltă, pălește dorința de a defini divinitatea. Un gânditor creştin al zilei de astăzi acceptă cele trei aspecte ale divinităţii, Tatăl, Fiul, sau *Logos*-ul şi Sfântul Duh şi nu găseşte niciun motiv pentru a respinge ideea unei astfel de trinităţi. Totodată, nu doreşte să fie explicit în această privinţă, mai cu seamă având în vedere că definiţia are în mod clar origini păgâne şi nu a fost adoptată de Biserică decât la aproape 300 de ani după Cristos.

CAPITOLUL XIX

Isus în istorie

În capitolele anterioare s-a încercat desprinderea figurii istorice a lui Isus din reţeaua de speculaţii teologice şi poveşti legendare care s-a dezvoltat în jurul Lui, pentru că protestantismul ar trebui să fie mai mult decât „o întoarcere la creştinismul primitiv", după cum este definit câteodată. Ar trebui să fie o întoarcere la Isus, cel istoric. Să facem o pauză, de aceea, pentru a ne întreba cât de multe lucruri reale, cu atestare istorică, cunoaştem despre Domnul nostru şi ce anume constituie baza credinţei noastre în El.

Care sunt, în primul rând, mărturiile cu caracter documentar? Există, doar, un singur document care poate pretinde că a fost scris de un om care l-a cunoscut realmente pe Isus. Este vorba despre Întâia epistolă a lui Petru[n159]. Probele vizând faptul că această scrisoare a fost scrisă de Petru în persoană sunt destul de convingătoare. Oricine citeşte această epistolă tragică, înţelege imediat că a fost compusă într-o perioadă în care începeau persecuţiile împotriva grupului mic şi dispersat al creştinilor, iar autorul îşi imploră cititorii să nu se înspăimânte, sau să creadă că oprobriul căruia erau supuşi constituia ceva straniu şi înfiorător[290]. Acesta încerca să-i facă să realizeze că,

---

[290] 1 Petru IV, 12.

asemenea lui Isus Însuşi, erau chemaţi să sufere pentru adevăr. Mommsen[n160] şi alţi critici au susţinut că persecutarea creştinilor începuse pe timpul lui Nero (54 – 68 d.Hr.), în special după marele incendiu din Roma, din 64 d.Hr., deşi afirmaţiile lui Tacit sunt puse uneori sub semnul întrebării[291]. Tertulian consemnează tradiţia timpurie şi faptul că Petru a fost martirizat pe timpul lui Nero. Ce-i drept, anumiţi critici, ca Holtzmann şi Weizsäcker, de exemplu, au încercat să arate că aceste persecuţii au devenit grave doar după anul 100 d.Hr. şi de aceea această Epistolă ar putea aparţine acelei perioade, ceea ce ar însemna că nu a fost scrisă de Petru. Cu siguranţă, însă, chiar de pe vremea lui Irineu (180 d.Hr.), Petru era considerat autorul scrisorii şi niciun critic nu a negat posibilitatea acestei paternităţi literare, în timp ce opinia majoritară, pornind de la probele interne, este că documentul a fost scris de Petru, sau de secretarul acestuia şi a fost realizat, probabil, în anul 64 d.Hr., cu puţin timp înainte de martirizare.

Petru, singurul autor care l-a cunoscut personal pe Isus, Îl descrie ca pe Unul care „a suferit pentru voi şi v-a lăsat o pildă... , care n-a făcut păcat şi în gura căruia nu s-a găsit vicleşug, care, atunci când era batjocorit, nu răspundea cu batjocuri, iar când era chinuit, nu ameninţa, ci Se supunea dreptului Judecător, care a purtat păcatele noastre în trupul Său pe lemn... prin ale cărui rănile am fost vindecaţi"[292]. El spune că a fost martor la acele suferinţe[293], chiar dacă cititorii lui din Pont[n161], Galatia[n162], Cappadocia[n163], Bitinia[n164] şi din alte locuri nu Îl văzuseră pe Isus aşa cum Îl văzuse el[294]. El ne spune cum „a fost omorât în trup, dar a fost înviat"[295] şi că „S-a înălţat la cer"[296], dar se va întoarce în scurt timp[297].

---

[291] Tacit, *Annales*, VX, 44.
[292] 1 Petru II, 21-24.
[293] 1 Petru V, 1.
[294] 1 Petru I, 8.
[295] 1 Petru III, 18.
[296] 1 Petru III 22.
[297] 1 Petru IV, 7.

Pentru a putea urma exemplul lui Isus, îşi îndeamnă cititorii să se iubească unii pe ceilalţi, să fie plini de compasiune, milă, bună cuviinţă. Să nu răspundă cu rău, la rău şi să întâmpine insultele cu binecuvântări. Să fie darnici, primitori, umili. Să facă bine, să se ferească de rău şi să caute pacea. Să se abţină de la poftele trupeşti, sa nu poarte pică, să nu fie invidioşi şi să nu vorbească de rău. Să se supună autorităţilor, să le fie frică de Dumnezeu şi să-l respecte pe Rege. Să accepte loviturile şi reproşurile în numele dreptăţii. Şi, mai presus de orice, să accepte Credinţa asemenea copiilor mici, cu încredere în mila lui Dumnezeu. Aceasta este prima mărturie pe care o avem în privinţa caracterului neîntrecut de frumos al lui Isus şi, de asemenea, cea dintâi dovadă a existenţei Sale istorice, scrisă, aproape fără niciun dubiu, de cineva care L-a cunoscut personal. Epistolele Sfântului Pavel urmează din punct de vedere al importanţei istorice, pentru că, deşi Pavel nu a fost alături de Isus în timpul activităţii Sale de propovăduire, el a aflat despre Isus de la cei care fuseseră[298] alături de Acesta. Epistolele lui Pavel au fost realizate la aproximativ 20, sau 30 de ani, de la Crucificare şi după Epistolele către Romani, Galateni şi Corinteni. Probabil că şi alte Epistole ar putea fi plasate în această perioadă, dar, având în vedere că este posibil să fi fost scrise mai târziu, nu trebuie să fie citate cu această ocazie.

Pavel, asemenea lui Petru, vorbeşte despre Isus în aceste documente de necontestat ca şi cum acesta ar fi pe punctul de a se întoarce în glorie pentru a judeca omenirea[299], iar această convingere înflăcărată cu privire la iminenţa celei de-a doua veniri ilustrează cu claritate faptul că plecarea lui Isus era de dată recentă şi reprezenta un lucru bine cunoscut. În plus, el poate spune că îl cunoscuse pe Petru şi că îl întâlnise pe Iacob, fratele lui Isus[300], poate vorbi despre alte persoane care Îl văzuseră[301] şi erau încă în viaţă, poate vorbi despre

---

[298] 1 Corinteni XV, 3.
[299] Romani XIII, 12; 1 Corinteni I, 7; IV, 5; VII, 29.
[300] Galateni I, 18, 19.
[301] 1 Corinteni XV, 6.

obârşia Lui[302], poate scrie despre Cina cea de Taină, ca despre un eveniment real[303], iar relatarea crucificării[304] şi întoarcerea din morţi reprezintă baza credinţei lui[305]. Scrie într-un timp atât de apropiat de acela în care se spune că aceste evenimente s-au petrecut, încât este imposibil de presupus faptul că fusese înşelat pe deplin în ceea ce priveşte veridicitatea lor. Probabil că a cunoscut, de asemenea, mare parte din viaţa şi învăţăturile lui Isus pentru că afirmă că are instrucţiuni detaliate[306] de la El: "Călcaţi pe urmele mele, întrucât şi eu calc pe urmele lui Cristos"[307].

Vorbeşte despre blândeţea şi bunătatea lui Isus, despre simplitatea Lui şi spune ca El era bogat şi totuşi a devenit sărac pentru noi şi că nu s-a mulţumit pe El însuşi. Urmând învăţăturile Domnului, predică iubirea, caritatea, bucuria, pacea, răbdarea, amabilitatea, bunătatea, blândeţea, cumpătarea şi credinţa. Spune că legea trebuie studiată cu un spirit nou, nu în sens literal şi că tot ce contează încape într-o frază: "Iubeşte-ţi aproapele aşa cum te iubeşti pe tine însuţi". El le spune cititorilor săi să se iubească unii pe ceilalţi, să fie răbdători, să arate condescendenţă celor din clasele sociale de jos, să trăiască paşnic, să învingă răul prin bine şi îi îndeamnă să se supună legilor şi să acorde respectul cuvenit autorităţilor.

Aşadar, din aceste Epistole timpurii avem suficiente date pentru a stabili existenţa istorică a lui Isus şi pentru a releva într-o oarecare măsură caracterul Său. Frumuseţea vieţii Sale i-a determinat pe Petru, care L-a cunoscut şi pe Pavel, care l-a cunoscut pe fratele Lui (Iacob, n.t.), să-L socotească un om lipsit de păcat, o persoană care pentru ei era în mod clar Fiul lui Dumnezeu. Nu-mi amintesc un exemplu confirmat din istorie, precum acesta, cu privire la un conducător care să le inspire celor ce-l urmează un astfel de sentiment de adorare.

---

[302] Romani I, 3.
[303] 1 Corinteni XI, 23.
[304] 1 Corinteni II, 2.
[305] Romani VI, 4; Corinteni 1, XV, 4.
[306] 1 Corinteni VII, 6, 25.
[307] 1 Corinteni XI, 1.

Acesta este Isus, după cum l-au revelat aceste prime documente. Pe lângă epistole, în evangheliile sinoptice se poate observa, sub conținutul legendar, o bază de fapte reale. Natura lui Isus, așa cum apare în aceste cărți, trebuie considerată autentică în mare, pentru că, după cum am explicat într-un capitol anterior, episcopul Papias scrie în jurul anului 140 d.Hr., că Matei făcuse o culegere a vorbelor Domnului, care a fost folosită cu siguranță în realizarea evangheliilor și că Marcu, elevul lui Petru, adunase note ale spuselor, sau faptelor Lui, care au fost folosite în același fel. Imaginea lui Isus pe care evangheliile o creează în mintea cititorului corespunde cu exactitate descrierii Sale din cadrul Epistolelor timpurii. Atunci când sunt scoase din relatare întâmplările incredibile, descoperim o persoană pe care nu o putem considera imaginară, o persoană care, la aproape 2000 de ani, încă reprezintă idealul omului perfect, pe care mintea modernă îl poate accepta drept ghid, Domn și Dumnezeu.

Ce știm despre viața Lui? Nu este cunoscut nimic care poate fi numit autentic despre tinerețea Lui. El ni se înfățișează doar atunci când este botezat de Ioan, în anul 28, sau 29 d.Hr., când părăsește casa tatălui său care era tâmplarul satului pentru a predica Regatul Cerului. La început se retrage în sălbăticie pentru o perioadă scurtă, a cărei lungime exactă nu este cunoscută, pentru a medita și a se ruga. După ce strânge câțiva ucenici în jurul Său, Își începe activitatea propovăduitoare vindecând bolnavi cu puterile Sale excepționale. Curând, încep să circule tot felul de povești fantastice despre El sub acest aspect și faima Lui se întinde în lung și în lat. Își electrizează auditoriul pretutindeni și circulă zvonul că a apărut un mare profet din Galileea. În rândul celor pentru care concepțiile Lui sunt defavorabile se dezvoltă o opoziție concertată. Cu mai multe ocazii este în pericol de a fi omorât cu pietre, însă nimic nu Îl descurajează.

Treptat devine conștient că este Mesia și pentru un moment pare pe punctul de a face toată țara să se ridice la luptă. Intră în Ierusalim înconjurat de mulțimea exaltată, dar protestul, din care El nu făcea parte, este un eșec lamentabil și părăsește orașul la căderea serii. Intră din nou în oraș în următoarea zi, iar agitația este și mai mare. De această dată, însă, autoritățile sunt în stare de alertă și se fac aranjamente pentru arestarea Lui. Cu două zile înaintea Paștelui evreiesc, probabil pe 6 aprilie, în anul 30 d.Hr., El servește ultima cină cu ucenicii Săi și știe că, de data aceea, dacă nu fuge Îl așteaptă moartea. Cu toate acestea, în loc să Își abandoneze misiunea, El rămâne fidel adevărului din Sine, chiar știind că acest lucru are să-L conducă în mormânt. Știe că împărăția Sa, împărăția lui Mesia, nu este în această lume.

Este arestat în aceeași noapte, iar dimineața următoare este judecat. Execuția unui criminal, în cadrul sacrificiului anual *Bar Abbas*, este pe cale să înceapă, dar mulțimea solicită cu frenezie autorităților să fie crucificat Isus în locul victimei desemnate. Astfel, este făcut să joace rolul victimei în cadrul sacrificiului anual organizat cu ocazia Paștelui evreiesc. Sunt executate ritualurile imemoriale. Este biciuit, îmbrăcat în robă regală, batjocorit și „spânzurat dinaintea Domnului" de pom, sau cruce, așa cum cerea tradiția. Însă, înainte de căderea serii, o condiție care nu putea fi deosebită de moarte se abate asupra Lui ca prin miracol și suferințele Lui, care nu smulseseră vreun protest furios buzelor Sale, se încheie. Prietenii Săi Îl coboară de pe cruce și Îl depun într-un mormânt, cu intenția de a-l îngropa în zorii zilei de după Paștele evreiesc. Însă, înainte de aceasta, El revine la viață. Încearcă să le spună ucenicilor că este viu, dar aceștia nu Îl cred. Se reîntoarce în Galileea și vorbește cu ei, însă în ochii lor El este un spirit înviat din morți. Se desparte de ei în cele din urmă, spunând că se va întoarce, însă nu se mai întoarce niciodată și acesta este sfârșitul poveștii care corespunde întâmplărilor istorice.

Este povestea unui personaj nemaipomenit, care înfruntă moartea pentru principiile sale. Este propulsat de cunoștințele pe care le dobândise în urma studiului Profeților, anume că Mesia trebuie să sufere pentru binele lumii. Ulterior, în reevocarea întâmplărilor respective, ucenicii Lui nu-și pot aminti niciun defect al Său. El era omul perfect și este descris astfel în primele documente pe care le avem, în evangheliile care aveau să fie scrise mai târziu și în alte cărți. Faptele Lui sunt marcate de altruism complet și eroism suprem.

Puterea Lui este demonstrată de repetatele vindecări ale bolnavilor şi de adoraţia nepieritoare pe care a trezit-o. Consemnările spuselor şi învăţăturilor Sale arată perfecţiunea concepţiilor Sale, care, deşi îşi găsesc multe paralele izolate în înţelepciunea lumii, nu au fost egalate, în corp, de produsul unei alte minţi.

CAPITOLUL XX

Transformarea creştinismului în religie de stat

Caracteristica remarcabilă a învăţăturilor lui Isus este simplitatea. El aproape că a redus religia la două principii, la iubirea de Dumnezeu şi frăţia faţă de om. El afirma adesea că întreaga doctrină putea fi înţeleasă chiar şi de un copil. Mai mult decât atât, pentru a o înţelege era într-adevăr nevoie ca novicele să devină iar copil, adică să recupereze privirea limpede a copilăriei, care îi aparţinea înainte ca mintea să-i fie acoperită de voalul complicaţiilor sacerdotismului convenţional. Întreaga teologie a lui Isus poate fi rezumată prin patru afirmaţii: Dumnezeu este Tatăl iubitor al omenirii, în ochii căruia toţi oamenii sunt egali; Dumnezeu Îşi revarsă bunătatea prin intermediul Sfântului Duh; Dumnezeu a promis să trimită un Delegat, pe „Cel Uns", pentru a conduce popoarele la El şi pentru a institui Regatul Cerului pe pământ; şi, recompensa pentru bunătate şi dragostea frăţească este viaţa eternă, iar pedeapsa pentru rău este nimicirea.

În lupta Domnului nostru împotriva complexităţii zdrobitoare a tradiţiei religioase, Acesta a acuzat în mod energic formalităţile şi ceremoniile din Iudaism şi i-a încălcat legile cu bună ştiinţa. A refuzat să respecte Sabatul[308]. I-a îngrozit pe ortodoxi spunând că nu este

---

[308] Marcu II, 23-28.

necesară îndeplinirea ritualului spălării mâinilor de dinaintea mesei[309]. A condamnat rugăciunile ostentative[310]. S-a întovărășit cu vameșii (cei care strângeau taxele), împotriva cărora exista un fel de tabu religios[311]. Nu a respectat posturile cu scrupulozitate[312]. A spus: "lăsați morții să-și îngroape morții"[313], în sensul că ritualul prelung al deplângerii pierderii cu caracter convențional, din cadrul funeraliilor publice, era o practică doar pentru cei defuncți din punct de vedere mintal. A susținut faptul că noua Sa doctrină nu poate fi fixată în convenții vechi, după cum nici vinul nou nu poate fi pus în burdufuri vechi[314].

Faptul că aceste învățături ale lui Isus care erau îndreptate cu atâta vehemență împotriva formalismului religios au fost chiar ele înglobate într-o religie formală, constituie un subiect pentru cea mai serioasă reflecție. La câteva secole după predicile Lui, creștinismul se transformase într-o credință convențională de o înaltă complexitate, bazată pe ritualuri. Aceasta este, însă, soarta celor mai multe reformări religioase, de la aceea a lui Buddha, la aceea a Doamnei Eddy[n165]. Fiecare reformator atacă convențiile goale și complicațiile din biserica existentă, propune o doctrină simplă, liberă de formalismul religios, iar după un timp devine veneratul fondator al unei religii cu același nivel de formalism și la fel de încâlcită. Isus nu a încercat să fondeze o nouă Biserică. Acele cuvinte în care se face aluzie la o astfel de instituție (de exemplu: "Pe această piatră voi zidi Biserica Mea."[315]) par a fi invenții, sau interpolări ulterioare. Și totuși, în câteva zeci de ani, creștinismul dezvoltase o teologie complexă, totalmente peste înțelegerea copilului menționat, iar în câteva secole devenise o religie bazată pe ritualuri, expusă în mod periculos formalităților fără conținut care fuseseră condamnate de Fondatorul său. Laicul atent

---

[309] Marcu VII, 2-8.
[310] Matei VI, 5.
[311] Marcu II, 16.
[312] Marcu II, 18.
[313] Matei VIII, 22.
[314] Marcu II, 22.
[315] Matei XVI, 18.

care contemplă persoana simplă a lui Isus, învăţătorul adevărurilor pure, evită cu greu consternarea când îşi îndreaptă atenţia către psalmodierea rituală din Crezul Sfântului Atanasie. Trebuie să realizeze că un creştin poate fi cel mai bine în acord cu Isus Cristos dacă este interesat de lucrurile de care se interesa Acesta. Având în vedere că doctrina bisericească şi ritualul erau elemente în privinţa cărora îşi manifesta în mod categoric dezinteresul, câştigul spiritual obţinut din participarea la ritualul preoţilor este neînsemnat.

Un anumit tip de religie organizată este, totuşi, necesar. Este nevoie de un anumit fel de venerare formală, fie şi doar în cazul în care foloseşte la temperarea exuberanţei individului. Cu condiţia ca ritualul să fie menţinut pe cât de simplu şi de natural este posibil, o Biserică formală nu ar trebui să fie departe de asentimentul Domnului nostru. Însă nu trebuie uitat niciun moment că meşteşugul preoţilor, credinţa în importanţa preoţimii, formalităţile, ritualurile şi toate punerile în scenă elaborate ale cultului public, îl provocau pe Isus şi-i produceau erupţii de indignare, de genul celor care sunt documentate limpede în cadrul activităţii sale propovăduitoare. El venise să-i înveţe pe oameni cum să-şi ducă viaţa, cum să urmeze lumina călăuzitoare a flăcării divine care arde în inima fiecărui om, fără frică în privinţa consecinţelor, fără frică de opoziţia convenţiilor, tradiţiilor, sau obiceiurilor. Atitudinea Lui este aceea a eternului răzvrătit în faţa fariseismului din societate. Predica cea mai simplă credinţă care fusese propusă vreodată. Să vedem, însă, ce a făcut din aceasta Biserica fondată în numele Lui.

Primii Lui adepţi au atribuit poveştii crucificării Sale toate credinţele Iudaice complicate privind vărsarea de sânge pentru iertarea păcatelor. Aceştia l-au considerat pe Isus victima care era torturată pentru a calma mânia lui Dumnezeu în cadrul sacrificiului străvechi efectuat cu ocazia Paştelui evreiesc. Păgânii care se convertiseră au adăugat acestei interpretări vechile lor tradiţii privind suferinţele sacrificiale, moartea şi reînvierea lui Adonis, Hiacint, Attis, Osiris, Mitra şi ale tuturor celorlalţi zei care muriseră pentru păcatele omenirii. Având în vedere că noua credinţă era săracă în privinţa elementului feminin de natură divină, au înălţat-o pe mama lui Isus în sufletele lor, în poziţia care rămăsese neocupată după respingerea zeiţelor Isis, Cibele, Demetra, Diana din Efes şi a altor mari zeiţe-mamă. Aceştia au adoptat drept simbol sacru vechiul botez cu apă de origine Iudaică şi i-au adăugat misterele din ritualul mitraist. Au preluat împărtăşania cu Pâine şi Potirul din cultul lui Mitra, cu toată lunga sa istorie care porneşte de la ceremoniile uitate din canibalism.

S-au prezentat astfel lumii păgâne, în numele lui Cristos, asemenea uneia dintre cele mai complexe credinţe păgâne. După ce au fost aspru persecutaţi de către Nero, în anul 64 d.Hr., Marcus Aurelius, în 166 şi 167 d.Hr., Decius[n166], în 250 şi 251 d.Hr. şi de către Diocleţian[n167], în 303 d.Hr., în calitate de adepţi ai „unei superstiţii odioase"[316], au devenit în sfârşit „abatere permisă", în timpul lui Galerius[n168], în anul 311 d.Hr.. Constantin a fost botezat pe patul de moarte în anul 337 d.Hr., dar împăratul Iulian, care a domnit în perioada 361 – 363 d.Hr., i-a atacat pentru faptul că, la rândul lor, persecutau adepţii altor culturi religioase. Pe acea vreme, însă, puterea lor devenise prea mare pentru a mai avea de suferit din acestă cauză şi în anul 391 d.Hr., Teodosiu cel Mare[n169] a făcut creştinismul singura religie a Statului.

Doctrina creştină se definise în acea perioadă, nu fără revoltă şi vărsare de sânge, de-a lungul liniilor acelei compoziţii extraordinare care, din nefericire, are încă un loc în Cartea de rugăciune a Bisericii anglicane. Este vorba despre Crezul Sfântului Atanasie, atribuit în mod tradiţional episcopului Atanasie din Alexandria, Egipt, 293 – 376 d.Hr., care, deşi reprezintă întocmai vederile sale, este mai probabil o lucrare Europeană din secolul al V-lea. În acest crez se poate observa că religia s-a dezvoltat şi recunoaşte trei Persoane în un Dumnezeu. Prima dintre acestea este Dumnezeu Tatăl, altădată, de-o ostilitate implacabilă la adresa omului, care fusese împăcat prin sacrificiul făcut în locul omului de cea de-a doua Persoană, Dumnezeu Fiul şi cea de-a treia, Dumnezeu, Sfântul Duh. Credinţa în această Trinitate, ideea căreia a fost împrumutată, în principal, din Egiptul păgân, a fost făcută

---

[316] Plinius, Scrisoarea XCVIII.

un *sine qua non* al salvării. Crezul a precizat că aceia care nu aderă la această idee, vor pieri pentru vecie, cuvinte ce aparțin Evului Mediu timpuriu și nu sunt potrivite în perioada modernă. În prima jumătate a secolului al V-lea, Maria cea modestă și puțin cunoscută devenise marea Regină a Cerurilor. Prin urmare, în secolul al VII-lea, profetul Mohamed a presupus că respectivii creștinii erau politeiști, având în vedere că aveau pe lângă Dumnezeu, o zeiță Maria și pe Fiul ei, încă un Dumnezeu[317].

Creștinismul a împrumutat în mod inconștient din mitologia păgână multe povești fantastice și le-a incorporat în viața lui Isus. Din mitraism a preluat povestea nașterii în grotă și adorarea efectuată de Păstori. Din cultul lui Adonis a preluat povestea Stelei de la est. Din cultul lui Dionis a preluat povestea transformării apei în vin. Și așa mai departe. Din mitraism provin utilizarea clopotului, a lumânării și a apei sfințite[318], utilizarea catacombelor, alegerea colinei Vaticanului, drept loc sfânt și multe alte uzanțe. Ideea spălării în sângele mielului provine din mitraism și din alte culturi păgâne, iar faptul de a „renaște" este o expresie împrumutată din acestea și din cultul lui Isis, fiindcă există o consemnare despre un om care a fost inițiat în misterele lui Isis și astfel a „renăscut"[319].

În liturghia și ritualul care au fost construite treptat de noua Biserică de stat, influențele păgâne se manifestă în încercarea ceremonioasă de a-L face pe Dumnezeu să-l placă pe om, arătându-i câte de mult Îl iubește omul, lucru total ne-creștin în principiu. Isus nu a vorbit despre Dumnezeu, nu i s-a adresat lui Dumnezeu, numindu-l Rege grandios nici măcar o singură dată din câte știm, nu L-a numit niciodată „Atotputernic". Deși recunoștea aceste lucruri, se abținea de la a face referire la omnipotența și măreția Tatălui Său. Încheierea rugăciunii *Tatăl nostru,* "Că a Ta este împărăția și puterea și mărirea", este oferită doar în Evanghelia după Sf. Luca și reprezintă, dincolo de orice dubiu, o completare adusă mai târziu textului. Isus voia să scoată

---

[317] Coran, Sura V, 116.
[318] *Enciclopedia Britannica*, ediția a 11-a, vol. XVII, p. 624.
[319] Apuleius, *Metamorfoze*, XI, 16.

în evidență iubirea lui Dumnezeu, nu autoritatea sa regească. Păgânismul, însă, își considera zeii niște potentați și Biserica i-a urmat exemplul, ritualul sau bazându-se pe tradiția antică privind comportamentul în prezența unui rege lumesc, iar preoții apropiindu-se de tronul lui Dumnezeu cu buze lingușitoare. El este încă denumit „Prea înalt și puternic Rege al Regilor" în Cartea de rugăciune anglicană, alături de „Domn al Domnilor, singurul Conducător al Prinților", "Comandant Suprem al întregii lumi". "Preamărire numelui Tău glorios", "glorie Ție, Îți aducem mulțumire pentru marea Ta glorie", "O, Dumnezeu, prea puternic", constituie maniera lingușitoare în care clerul se străduiește, chiar și în ziua de astăzi, să împăciuiască un Dumnezeu pe care trebuie să-l știe, în inimile lor, infinit deasupra acestui gen de lucruri.

Ritualul a fost elaborat treptat. Între secolul al VI-lea și al IX-lea, hainele simple ale clerului s-au transformat în bogate veșminte regale. Au început să fie folosite veșmântul liturgic și stiharul, cingătoarea și odăjdiile, dalmatica și patrafirul, sfita și manipul. În secolul al IX-lea au apărut mănușile pontificale. În secolul al X-lea a fost introdusă mitra pentru episcop, iar în secolul al XI-lea au apărut încălțările speciale și ciorapii speciali pentru demnitarii bisericii. După Reformă[320], Biserica anglicana a renunțat la aceste lucruri și a permis doar stiharul și acoperământul pentru cap (*birretum*). Însă, din secolul al XIX-lea, veșmintele au început să fie folosite din nou, deși fuseseră declarate nepermise în anul 1870. Obiecția fată de acestea a fost trecută cu vederea în Anglia și în ziua de astăzi preoții anglo-catolici se împodobesc, alături de cei romano-catolici și de alții, cu lucruri minunate privirii. Aceste veșminte încântă ochiul și prezintă un mare interes din punct de vedere istoric. Istoria lor nu ne duce, însă, înapoi dincolo de Evul Mediu, chiar dacă obiceiul împodobirii vestimentare, mai ales în legătură cu serviciul divin, se duce până în Epoca de piatră. Presupun că niciun critic nu are îndrăzneala de a spune că Isus nu s-a opus acestui mod de etalare. Este, totuși, melodramatic, iar instinctul melodramatic este confundat cu instinctul religios fără speranța de a

---

[320] N.T.: Reforma protestantă, secolul al XVI-lea.

putea fi vreodată desprins de acesta. Fac excepție caracterele realmente spirituale.

Între timp, mulți dintre vechii zei păgâni au fost adoptați de Biserică, în calitate de sfinți. Castor și Polux[n170] au devenit Sf. Cosma și Sf. Damian. Dionis, multe din atributele căruia au fost atașate Sfântului Ioan Botezătorul, își menține încă poziția, în calitate de Sf. Denisie[n171] al Parisului. Diana Illythia a devenit Sf. Yllis din Dôle[n172]. Dia Victoria[n173] este venerată în Basses-Alpes[n174], drept Sf. Victoria. Și așa mai departe. În toată lumea creștină, locurile sacre ale păgânilor au fost perpetuate. Pe locurile respective au fost ridicate capele, sau biserici creștine. Sute de locuri sfinte închinate Madonei se află pe locuri consacrate în alte vremuri nimfelor și zeițelor, în timp ce sursele de apă, sau izvoarele lumii păgâne, au devenit sfintele izvoare ale Bisericii. Statuile lui Jupiter și Apollo au devenit statuile Sfântului Petru și Sfântului Pavel, iar reprezentările lui Isis au fost transformate în reprezentările Fecioarei Maria. Crinul Madonei reprezintă străvechile flori-de-lotus sacre ale lui Isis și Astarte. De asemenea, foarte multe vechi obiceiuri păgâne au primit aprobarea creștinismului. De exemplu, obiceiul consumării cărnii de pește în ziua de vineri (zi consacrată în multe religii zeițelor-Mamă, care erau protectoarele pescarilor și pescuitului), sau continuarea festivalurilor păgâne, despre care voi vorbi în capitolele următoare.

Această Biserică și această Teologie s-au dezvoltat în numele fiului tâmplarului, care a încredințat adevărurile Sale simple câtorva țărani și pescari zdrențăroși. Creștinismul este în foarte mare măsură o religie păgână. Totuși, în spatele pompei, capriciilor și sub complicațiile sale absurde, încă mai poate fi găsit acel Isus din istorie, în exemplul și în învățăturile Căruia se găsește mântuirea lumii. Numai de ne-am putea întoarce la El...

CAPITOLUL XXI

Respectarea zilei de duminică[n175]

În Biserica creştină timpurie nu existau sărbători, zile sfinte, sau Sabaturi. După cum spune Chrysostom, "tot timpul este o sărbătoare pentru creştini, datorită minunăţiei lucrurilor bune care au fost date", sau, după cum spune Origene, "pentru creştinul desăvârşit toate zilele sunt ale Domnului"[321]. Socrates[n178], istoricul bisericii spune, de asemenea, că „apostolii nu se gândeau să înfiinţeze zile de sărbătoare şi îi interesa doar promovarea unei vieţi sub semnul inocenţei şi al cucerniciei". Totuşi, atunci când Biserica a devenit instituţie de stat, a început să fie resimţtă nevoia de zile sfinte şi sărbători şi era esenţial să fie conferit un înţeles creştin celor de origine păgână, a căror înăbuşire nu reuşise. Clerul, de exemplu, nu a reuşit să împiedice oamenii din numeroase ţări să celebreze de Paşte o mare sărbătoare de cinstire a reînvierii lui Attis şi a altor zei. S-a văzut, de aceea, obligat să consimtă perpetuarea acestui vechi obicei, după cum ne spune Socrates, conferindu-i o interpretare creştină. Socrates remarcă, de asemenea, faptul că Biserica preluase multe alte obiceiuri păgâne în acelaşi mod. Beda[n179] a păstrat o scrisoare scrisă de Papa Grigore[n180] în anul 601, în care acesta afirmă că politica Bisericii vizează adaptarea acestor vechi sărbători păgâne la ideile creştine, nefiind urmărită suprimarea lor.[322]

În realitate, Biserica a fost sinceră în privinţa elementelor pe care şi le-a însuşit, dar trecerea timpului a învăluit aceste chestiuni, iar acum, faptul că sărbătorile pe care le numim Crăciun şi Paşte nu sunt creştine la origine, ci păgâne, poate constitui o surpriză deconcertantă pentru mulţi creştini. Acelaşi lucru este valabil şi în cazul altor mari sărbători ale Bisericii, de exemplu, Adormirea Maicii Domnului, cinstirea Sfântului Ioan Botezătorul, a Sfântului Gheorghe şi aşa mai

---

[321] Origene, *Contr. Cels.*, VIII, 22.
[322] Beda, *Ecclesiastical History*, cap. XXX.

departe. Postul Paştelui are şi el origine păgână. Am menţionat deja faptul că duminica era o zi de sărbătoare a păgânilor, iar în cadrul acestui capitol voi discuta originea acestui obicei al cinstirii unei zile în cadrul săptămânii în calitate de Sabat, sau „zi de odihnă" şi voi arăta faptul că acestă practică a fost respinsă cu convingere de Isus Cristos.

Originea săptămânii de şapte zile folosită de evrei, de alte popoare şi, mai târziu, de greci, sau de romani, poate fi găsită în unele culturi primitive ale Lunii. Obiceiul sărbătoririi lunii noi, sau a lunii pline, care avea o largă răspândire în antichitate, presupune cunoaşterea unui ciclu de aproximativ 14 zile, din care săptămâna de 7 zile reprezintă o jumătate. Durata reală a săptămânii calculată în acest mod este de 7,375 zile. Babilonienii adoptaseră de timpuriu săptămâna de şapte zile şi calendarele lor conţineau instrucţiuni cu privire la abţinerea de la anumite activităţi cu caracter secular în zilele respective. Acele zile erau numite „Sabaturi" şi par să corespundă celor din poziţia a şaptea. Deşi Sabatul evreilor nu poate fi pus în legătură directă cu obiceiul babilonian, cutuma provine în mod evident din obiceiul venerării lunii şi din considerarea numărului şapte, un număr sacru al calendarului. Evreii atribuiau sfinţenie celei de-a şaptea zi în baza presupunerii că Dumnezeu se odihnise în ziua respectivă, după truda celor şase zile ale creaţiei. Dar şi aceasta era o legendă derivată din mitologia babiloniană şi nu reprezenta motivul iniţial în baza căruia ziua a şaptea era o zi de odihnă.

Astronomia din vechime cunoştea şapte planete: Soarele, Luna, Marte, Mercur, Jupiter, Venus şi Saturn. Zilele săptămânii erau consacrate acestor planete în locurile unde era folosită săptămâna de şapte zile. Prima zi a săptămânii era dedicată Soarelui, care era cel mai important dintre corpurile cereşti, iar ultima zi era dedicată lui Saturn, planeta cea mai îndepărtată de Soare. Această planetă era, însă, identificată în străvechile religii din Est cu un zeu de rău augur şi, de aceea, cea de-a şaptea zi a devenit treptat, în timpurile primitive, o zi fără noroc, în care nicio activitate lucrativă nu ar fi avut succes. Din acest motiv a devenit zi de odihnă în cele din urmă. Ulterior legenda creaţiei a fost ajustată în aşa fel încât să explice acest lucru.

Izraeliții au dezvoltat ideea că această a șaptea zi reprezintă o zi de odihnă și încă de pe vremea lui Moise legile care vizau acest subiect erau atât de stricte încât o persoană putea fi ucisă dacă aduna lemne în timpul Sabatului[323]. Chiar aprinderea focului era interzisă în ziua respectivă, sub amenințarea pedepsei cu moartea[324]. Superstiția poate purta mintea umană la astfel de lucruri absurde. Pe timpul Domnului nostru evreii ortodocși respectau Sabatul cu aceeași strictețe. Isus s-a opus, însă, categoric acestei practici. Potrivit Evangheliei după Sf. Ioan[325], El și-a riscat viața în încercarea de a-și elibera adepții din robia acestui obicei și a încălcat în mod deliberat legile Sabatului. În rândul primilor creștini exista, probabil, o tradiție extrem de puternică și de clară cu privire la faptul că Isus îi eliberase de respectarea Sabatului, având în vedere că în evanghelii suntem informați că El a omis cea de-a patra Poruncă, "Cinstește ziua Sabatului", din lista[326] Sa cu ordine. Această poruncă este omisă[327] și de Sf. Pavel, care îi atacă pe Galateni pentru că respectă anumite zile sfinte[328]. Atitudinea sa este confirmată în Epistola către Coloseni, în cadrul căreia se spune că nici Sabatul, nici orice altă zi, nu trebuie cinstite în calitate de zile sfinte[329]. Irineu, unul dintre Părinții Bisericii din secolul al II-lea, afirmă cu certitudine[330] că Isus a anulat respectarea Sabatului. Tertulian scrie[331], în secolul al III-lea, că „Sabaturile nu sunt cunoscute de creștini". Victorinus repetă, în secolul al IV-lea, că Isus desființase „orice formă de sărbătorire a Sabatului"[332]. Iustin[n181], Clement[n182], Origene, Eusebius, Epiphanius,

---

[323] Numeri XV, 35.
[324] Exodul XXXV, 2, 3.
[325] Ioan V, 18.
[326] Matei XIX, 18, 19; Marcu X, 19.
[327] Romani XIII, 9.
[328] Galateni IV, 9 – 11.
[329] Coloseni II, 16.
[330] Irineu, *Împotriva Ereziilor*.
[331] Tertulian, *Răspuns evreilor*.
[332] Victorinus, Ante Nicene, cartea XVIII.

Chiril, Jerome și alți „Părinți", spun toți același lucru în termeni categorici.

Având în vedere că Sabatul evreilor fusese desființat de creștinii timpurii și nicio altă zi nu putea fi sărbătorită în calitate de Sabat, încă din timpul secolului I devenise un obicei ca ziua de duminică, prima zi a săptămânii, să fie considerată o zi potrivită pentru întâlnirea credincioșilor, aparent, în baza faptului că Isus se ridicase din morți în acea zi. Aflăm[333], așadar, că discipolii timpurii din Troada[n183] se întâlneau în fiecare Duminică pentru predică și frângerea pâinii. În Didahia[n184], sau Învățăturile Apostolilor[334], creștinilor li se spune să se reunească în „Ziua Domnului", iar de la Iustin Martirul și Tertulian știm că sintagma „Ziua Domnului" desemna duminica, ziua învierii Domului. Tertulian afirmă în mod clar că orice formă deosebită de venerare în Ziua Domnului este în afara legii[335], dar Ignatie[n185] spune că ziua[336] respectivă este ținută de creștini și Dionisie din Corint o numește sfântă[337]. Atât Irineu, cât și Tertulian, merg până la a spune că ar trebui considerată o zi în care credincioșii se odihnesc. Pliniu[338] scrie în anul 112 d.Hr., că aceștia (creștinii) obișnuiau să se întâlnească înaintea zorilor și să cânte un imn, într-o anumită zi a săptămânii (duminica, fără niciun dubiu) pentru ca, mai târziu, să servească masa împreună[339].

Primii creștini refuzau, așadar, să respecte Sabatul, dar treptat, duminica a devenit ziua de întâlnire săptămânală, iar mai târziu, într-o oarecare măsură, ziua de odihnă, chiar dacă era respinsă cu înfocare orice aluzie la faptul că reprezenta un înlocuitor pentru vechiul Sabat, sau că trebuia ținută cu strictețe corespunzătoare. Având în vedere că era dedicată Soarelui, duminica fusese pentru multă vreme ziua sfântă

---

[333] Faptele Apostolilor XX, 7.
[334] Didahia, cap. XIV.
[335] Tertulian, *De Corona*.
[336] Ignatie, *Epistola către Magnezieni*, IX.
[337] Dionisie, citat de Eusebius, *Historia Ecclesiastica*, IV, 23.
[338] N.T.: Pliniu cel Tânăr.
[339] Pliniu cel Tânăr, Scrisoarea XCVIII.

în cadrul religiilor păgâne care venerau Soarele. Era ziua venerată în mod deosebit de adoratorii lui Mitra[340], care o numeau probabil la rândul lor, "Ziua Domnului".

Prin urmare, faptul că Isus ieșise din mormânt în ziua de duminică nu pare să fie motivul real în baza căruia ziua respectivă se bucura de un respect deosebit din partea creștinilor timpurii, întrucât ar fi fost de așteptat ca ei să aleagă ziua de vineri, drept zi săptămânală dedicată comemorării, fiindcă era ziua morții Lui. În realitate, este mai probabil ca ei să fi fost influențați în această privința, ca și în multe altele, de obiceiul păgân, iar sărbătorirea zilei de duminică să fi fost adoptată pentru că mitraiștii și alți adoratori si Soarelui o considerau o sărbătoare sacră, iar suprimarea obiceiului nu reușise.

În anul 321, Împăratul Constantin[n187], care nu devenise creștin, dar oscila, încă, între păgânism și creștinism, a emis un decret în baza căruia ziua de duminică devenea zi obligatorie de odihnă. Însă referirea sa la duminică, drept „venerabila zi a Soarelui", indică faptul că o considera o sărbătoare a Soarelui tradițională și în același timp, o sărbătoare creștină. În orice caz, decretul nu a fost popular și a fost retras de Împăratul Leon, în secolul al IX-lea. În vest, însă, Carol cel Mare[n188] a interzis orice tip de muncă duminica, iar în Anglia, legile Regilor anglo-saxoni, Ine[n189], Æthelstan[n190] și Aethelred[n191], interziceau comerțul și anumite tipuri de muncă, sau de amuzament, în ziua respectivă. Mai târziu, totuși, ziua de duminică a început să fie ținută în toată Europa, în același fel în care încă o țin romano-catolicii, adică, drept zi în care, la fel ca de Crăciun, oamenii merg la biserică dimineața, iar apoi se odihnesc, sau sărbătoresc și se amuză. Acesta este, fără îndoială, forma de cinstire a duminicii cea mai apropiată de aceea a primilor creștini.

Cu ocazia Reformei, Luther[n192] i-a acuzat energic pe aceia care acordau zilei de duminică o sfințenie deosebită și și-a sfătuit adepții să danseze, sau să petreacă în ziua respectivă, pentru a se împotrivi astfel respectării sale cu sfințenie[341]. Zwingli[n193], reformatorul elvețian, a

---

[340] J. M. Robertson, *Pagan Christs*, p. 429.
[341] Luther, *Conversație în Jurul Mesei*.

spus: "Este legitim ca orice om să-şi continue munca, în Ziua Domnului, după slujba religioasă". Chiar şi John Knox[n194] a spus cu referire la Sabat: "Creştinii nu ar trebui să aibă de-a face cu cinstirea superstiţioasă a zilelor". Totuşi, puritanii din Anglia secolului ai XVII-lea, s-au întors la vechea idee ebraică, căreia Isus i se opusese. Acest lucru l-a supărat atât de tare pe Regele James I[n195], încât a dispus publicarea unei *Cărţi de amuzament* pentru zilele de duminică şi şi-a îndemnat supuşii să joace diferite jocuri în ziua respectivă. În continuare, însă, au fost adoptate mai multe legi sub influenţa puritanilor, iar opinia publică a fost îndepărtată considerabil de adevăratele învăţături ele lui Isus Cristos şi a ajuns să susţină cea mai strictă respectare a duminicii, în calitate de Sabat.

Astăzi, totuşi, oamenii reîncep să facă o zi odihnă din ziua de duminică şi, chiar dacă fac acest lucru fără a cere permisiunea preoţilor, ar putea, dacă ar fi să atace fondul problemei, veni cu argumente în sprijinul acestui lucru şi l-ar putea provoca pe cercetătorul Bibliei să indice fie şi un singur cuvânt din Scripturi care să justifice acordul creştinismului cu porunca lui Moise, "Adu-ţi aminte de ziua Sabatului, ca s-o sfinţeşti", sau cu resuscitarea sa din uitarea în care o trimisese, în mod categoric, Domnul nostru. Refuzul anumitor oameni din motive religioase, de a munci, sau de a se amuza, în zilele de Duminică, indică o superstiţie ne-creştină care îl descumpăneşte pe omul cu judecată. În plus, este uimitor faptul că porunca mozaică privind abţinerea de la muncă în ziua respectivă, este, încă, citită solemn tocmai de preoţii lui Isus Cristos, cel care a riscat totul pentru a o desfiinţa.

CAPITOLUL XXII

Originea Bobotezei

Data de naștere a Domnului nostru este necunoscută. În Est zilele de naștere nu sunt de obicei sărbătorite fiindcă părinții, cu excepția cazului în care sunt extrem de înstăriți, își amintesc doar foarte rar datele de naștere ale copiilor lor. Chiar vârsta aproximativă a unui Oriental este adesea uitată. Ne există nicio dovadă că Isus cunoștea ziua nașterii Sale, iar ucenicii Săi nu o cunoșteau cu siguranță. Mama Sa, însăși, părea să o fi uitat. Cu toate că a trăit alături de ucenici după Crucificare[342], nu le-a putut furniza o dată pentru comemorarea evenimentului, iar Biserica nu a considerat niciodată, după cum voi explica în capitolul următor, că 25 decembrie, data Crăciunului nostru, reprezintă adevărata dată. Nici tradiția nu le-a inspirat ucenicilor dorința de a institui o aniversare a nașterii Domnului. În realitate, Origen, care a scris în jurul anului 245, spune că este nepotrivit să aniversezi nașterea lui Isus Cristos ca și cum ar fi un simplu rege, sau faraon. Sentimentul general la începuturile creștinismului era că viața Lui divină începuse atunci când fusese botezat de Ioan în apele sfinte ale Iordanului. Însă, nici această dată nu era cunoscută, iar atunci când creștinii au început să dorească să comemoreze botezul Său, în secolul al II-lea, au trebuit să se gândească la data care trebuia stabilită pentru aniversare. Au ales, în cele din urmă, parțial în mod deliberat și parțial sub influența unui obicei străvechi, data de 6 ianuarie, pentru că aceasta era ziua în care apele sacre erau binecuvântate, atât în religia lui Osiris, cât și în aceea a lui Dionis.

Am arătat deja că venerarea lui Osiris a influențat mintea creștină timpurie, întrucât moartea și învierea acestuia erau comemorate pe

---

[342] Faptele Apostolilor I, 14.

scară largă. Acum trebuie să avem în vedere influența exercitată de cultul lui Dionis, pe care grecii îl identificau cu Osiris.

Dionis, al cărui tată era „Dumnezeu", dar a cărui mamă era o femeie muritoare ca în povestea creștină, era reprezentat, în Est, în chip de tânăr cu barbă și aer demn. Acesta învățase omenirea să folosească vița de vie, fusese legiuitor și promovase civilizația, predicase fericirea și încurajase pacea. La fel ca Isus, suferise o moarte violentă și coborâse în infern, dar apoi înviase și se ridicase la cer, iar aceste evenimente erau comemorate în cadrul unor rituraluri sacre. Potrivit unei legende, se transformase în taur și fusese tăiat în bucăți de inamicii săi. În baza altei legende, fusese transformat în berbec. Cei care i se închinau, aveau obiceiul de a sfâșia un taur, sau o capră, de a consuma carnea crudă și de a bea sângele zeului lor, într-o euharistie frenetică. Îi erau închinate multe animale, printre care se numărau berbecul și măgarul. În ceea ce-l privește pe cel din urmă, circula legenda că Dionis călărise odată doi măgari, pentru ca mai târziu să îi transforme în constelații cerești, legendă în cadru căreia îl putem vedea drept zeu al Soarelui și îl putem lega de semnul zodiacal al *Racului*, care corespundea în zodiacul Babilonian semnului zodiacal *Măgarul și Măgărușul*. Acest semn zodiacal marca zenitul puterii Soarelui și începutul declinului acesteia, către iarnă.

Activitatea propovăduitoare a lui Isus a culminat o dată cu intrarea Sa în Ierusalim, după care evenimentele au condus repede către mormânt. Cu ocazia aceea El este descris, asemenea lui Dionis, călărind pe doi măgari, adică, pe „un măgar, pe un măgăruș, mânzul unei măgărițe"[343], ceea ce sugerează că al doilea măgar este posibil să fi fost adăugat sub influența cunoștințelor astrologice tradiționale. Gnosticii L-au identificat pe Isus dincolo de orice dubiu cu acest semn, pentru că a fost găsită o piatră prețioasă (care aparținea gnosticilor) pe care sunt reprezentați un măgar și măgărușul său împreună cu un rac (zodia Racului), iar o inscripție prescurtată, în limba latină, folosește cuvintele: "Domnul nostru Isus Cristos, Fiul lui Dumnezeu"[344].

---

[343] Matei XXI, 5, 7.
[344] J. M. Robertson, *Christianity and Mythology*, p. 369.

O lege recunoscută din mitologie spune că un zeu este identic cu specia de animal închinat lui și exact cum Dionis este, sub unul din aspectele sale, identificat cu măgarul, tot astfel Isus, care fusese confundat cu Dionis în ignoranța păgânilor, pare să fi fost confundat cu animalul respectiv, întrucât, pe un zid care a rămas din *Domus Gelotiana*, pe colina Palatină[345], a fost găsit un desen care Îl înfățișează pe cruce, dar cu cap de măgar. Măgarul, pe de altă parte, este asociat cu vița de vie, simbolul principal al lui Dionis, întrucât Iustin Martirul[346] vorbește despre măgar ca și cum ar fi legat de vița de vie. Isus este și El identificat cu vița de vie, atât în cuvintele Evangheliei după Sf. Ioan, "Eu sunt adevărata viță de vie"[347], care pentru niște urechi păgâne echivala cu a spune „Eu sunt Dionis", cât și în *Didache*[348], în care conținutul cupei euharistice este descris drept „vinul sfânt al lui David"[349], ceea ce nu înseamnă doar că vinul simboliza sângele lui Isus, dar și că Isus reprezenta, simbolic, Vinul.

Marea sărbătoare a lui Dionis era ținută peste tot pe 6 ianuarie. Însă, după cum a fost spus, Dionis fusese identificat cu zeul egiptean, Osiris, iar în Egipt se pare că era ținută, în aceeași perioadă a anului, o sărbătoare străveche a Nilului. Creștinii copți celebrează această sărbătoare și în ziua de astăzi, sub denumirea de *Îd el-Ghitâs*, sau „Sărbătoarea Botezului". Cu această ocazie, Nilul este binecuvântat, se toarnă în el apă sfințită, iar oamenii se scaldă în apele sale. Această sărbătoare se ține în a unsprezecea zi a lunii *Tobi*, care în vremurile străvechi corespundea datei de 6 ianuarie. Zeul Osiris, însă, era sub unul din aspectele sale zeul Nilului[350], iar sărbătoarea Nilului era, probabil, o sărbătoare a lui Osiris. Prin urmare, sărbătoarea lui Dionis poate fi identică cu aceasta, după cum semnalează coincidența datei.

---

[345] În prezent, în Muzeul Kircherian, Collegio Romano; vezi F. Kraus, *Das Spottcrucifix*.
[346] Iustin Martirul, Apology I, 32.
[347] Ioan XV, 1.
[348] N.T.: *Învățăturile Apostolilor*.
[349] Didache IX.
[350] M. Murray, *Osireion*, p. 29.

Aristides Rhetor[n197], care a scris în jurul anului 160 d.Hr., spune că în cadrul acestei sărbători se ia apă din Nil şi se depozitează în vasele în care se păstrează vinul, întrucât în acea perioadă a anului este considerată cea mai bună şi remarcă faptul că apa devine mai dulce, cu trecerea timpului, exact ca în procesul de maturare a vinului.

Epifanie, care a scris cu aproximativ două secole mai târziu, spune că egiptenii şi alte popoare iau apă din Nil cu ocazia acestei sărbători şi o depozitează, iar în anumite locuri aceasta chiar se transformă în vin. Această credinţă corespunde întocmai relatărilor în privinţa sărbătorii lui Dionis, cu ocazia căreia, în anumite locuri apa se transformă, de asemenea, în vin[351], iar legătura din minţile oamenilor, dintre Isus şi Dionis, este ilustrată de introducerea relatării din evanghelie privind transformarea apei în vin, la nunta din Cana Galileei, miracol comemorat de Biserică în fiecare an pe 6 ianuarie, chiar data sărbătorii lui Dionis.

Clement al Alexandriei[n198], care a scris în jurul anului 194, spune că membrii sectei semi-creştine a gnosticilor din Egipt, cunoscuţi drept Basilideeni, comemorau această dată şi petreceau cu ocazia ei. Treptat, creştinii din Siria şi din alte locuri, adoptă data de 6 ianuarie ca aniversare a botezului lui Isus în apa Iordanului. Până în secolul al IV-lea acest obicei a căpătat o largă răspândire. În Antiohia, în anul 386, cele două mari sărbători creştine erau Paştele şi Boboteaza[352], cea din urmă fiind ţinută pe 6 ianuarie şi implicând binecuvântarea tuturor râurilor şi izvoarelor şi scoaterea de apă pentru botezurile din cursul anului. Cuvântul „epifanie" înseamnă în limba greacă „apariţie", sau „manifestare" a unei divinităţi, întrucât se consideră că Isus Cristos s-a manifestat pentru întâia oară cu ocazia botezului Său, care a fost înfăptuit în apa Iordanului. Având, însă, în vedere că El a făcut, în Cana, acelaşi miracol al transformării apei în vin, miracol pe care Dionis îl făcea în fiecare an la acea dată şi având în vedere că aceasta a fost prima manifestare a puterilor Sale supranaturale, cuvântul „epifanie"

---

[351] Athenaeus, cartea I, cap. 61; Pausanias, VI, 26; Plinius cel Bătrân, Historia Naturalis, LI, 106; XXXI, 13.
[352] N.T.: În limba engleză, sărbătoarea Bobotezei este denumită „Epifanie".

a început treptat să facă referire şi la miracolul din Cana Galileei, care este (şi el) comemorat în această zi importantă.

Aşadar sărbătoarea creştină a Bobotezei, sau comemorarea botezului şi a miracolului transformării apei în vin, reprezintă doar o continuare a sărbătorii lui Dionis (cu care Isus avea foarte mult în comun, după părerea păgânilor) şi a sărbătorii Nilului, închinată lui Osiris. Treptat şi o altă „manifestare" a început să fie comemorată în cadrul aceleiaşi sărbători. Este vorba de manifestarea care a fost făcută Magilor, prin Steaua de la Betleem, cu ocazia naşterii lui Isus. Sărbătoarea a supravieţuit până în ziua de astăzi sub acest aspect, care este considerat acum temeiul Bobotezei.

Povestea Magilor se regăseşte doar în ultima dintre evangheliile sinoptice, în aceea după Sf. Matei, unde se spune că nişte înţelepţi (nu este precizat numărul exact) au fost conduşi la Betleem de steaua miraculoasă. Însă, având în vedere că această poveste nu apare în celelalte evanghelii şi nici nu se face referire la ea în alte cărţi ale Noului Testament, trebuie considerată o legendă. Cu toate că originea sa este necunoscută, faptul că înţelepţii reprezentau Magii, sau preoţii din Persia, sugerează că sursa poveştii a fost o întâmplare consemnată în scripturile (pierdute ale) zeului persan Mitra, al cărui cult era marele rival al creştinismului. Pruncul Mitra fusese venerat la naştere de păstori, care îi aduseseră daruri, întâmplare ce pare a fi sursa poveştii din Sf. Luca[353] privind păstorii care îl venerează pe pruncul Isus. Având în vedere aceste lucruri, nimic nu indică faptul că povestea Magilor nu a fost şi ea împrumutată din mitraism. Aniversarea naşterii lui Mitra era sărbătorită pe 25 decembrie, dată care a fost preluată, mai târziu, drept zi de naştere a lui Isus. Dacă legenda Magilor este mitraistă, se poate spune că aceşti înţelepţi au ajuns la pruncul Mitra la 12 zile după naşterea acestuia, adică pe 6 ianuarie. Aceasta este, însă, o presupunere şi nu se cunoaşte motivul pentru care venirea Magilor a fost stabilită în ziua respectivă.

---

[353] Luca II, 15, 17.

Oricum, Boboteaza creștină a fost legată de acest eveniment încă din secolul al IV-lea. Curând a fost dezvoltată și legenda în baza căreia acești „înțelepți" din Sf. Matei au devenit trei regi, numiți Baltazar, Melchior și Gaspar, cărora le sunt consacrate prime trei zile după Anul Nou[n199] în calendarul romano-catolic și ale căror oseminte (presupuse) sunt păstrate în Domul din Köln[n200], în calitate de moaște! S-ar putea menționa, în treacăt, că menținerea acestei legende obscure în Cartea de rugăciune anglicană, alături de Rugăciunea scurtă (la catolici și anglicani) și de evanghelia aleasă pentru a fi citită cu ocazia Bobotezei, constituie aproape un ultraj în secolul al XX-lea. Nu mai este de așteptat ca un om instruit să considere zi sfântă, ziua sărbătorii păgâne a lui Dionis și să pomenească în rugăciunile sale bunătatea lui Dumnezeu de a revela nașterea fiului Său acestor regi de basm prin comportamentul absolut incredibil al unei stele.

Casian[n201] (circa 360 – 435) spune[354] că pe vremea sa, în toate provinciile Egiptului, Boboteaza era considerată și comemorarea adevăratei date de naștere a lui Isus, 25 decembrie ne fiind încă data acceptată. Există dovezi care indică faptul că data de 6 ianuarie era considerată pe scară largă, în Est, aniversarea nașterii Sale. În baza considerație că Domnul nostru avea exact 30 de ani când a fost botezat, chiar dacă Evanghelia după Sf. Luca nu este atât de exactă[355], data respectivă acoperea ambele evenimente. Casa regală din Egipt obișnuia să celebreze așa numita sărbătoare *Sed* la încheierea unei perioade de exact 30 de ani de la data în care Faraonul, înaintea urcării sale la tron, era ales, sau desemnat viitor suveran de tatăl său. Cuvântul *sed* înseamnă „a deschide", "a descoperi", sau probabil „a face manifest" și era numele unui zeu care avea să fie identificat mai târziu cu zeul Wepwet[n202], "Deschizătorul de Drumuri", sau „Îndrumătorul", care apărea în mod strident în cadrul ceremoniilor. Cu ocazia acestei sărbători, Faraonul era revelat, în calitate de încarnare a lui Osiris, de aceea este posibil să fi existat o tradiție în baza căreia Osiris era încarnat, sau ales Domn al omenirii, cu exact 30 de ani

---

[354] Cassian, *Collationes*, X, 2.
[355] Luca III, 23.

înaintea dobândirii tronului pământesc, în calitate de Faraon. Având în vedere că Osiris era identificat cu Dionis, s-a propagat, probabil, în minţile creştine ideea că manifestarea lui Isus cu ocazia botezului Său, a avut loc, asemenea sărbătorii *Sed* a Faraonului, la exact 30 de ani după numirea Sa divină, sau naştere, în acest caz, fapt care ar susţine remarca lui Origene, citată mai devreme, că Isus nu era un simplu Faraon, a cărui aniversare să fie sărbătorită. În acest context trebuie menţionat şi faptul că Zoroastru, vechiul legiuitor Persan, a fost inspirat de Dumnezeu la vârsta de 30 de ani, vârstă la care Duhul Sfânt s-a pogorât asupra sa.

Oricum, data de 6 ianuarie, Boboteaza, a fost timp de câteva generaţii acceptată în calitate de aniversare a naşterii Domnului şi, totodată, de comemorare a botezului, a miracolului din Cana şi a venirii Magilor. În capitolul următor voi ilustra motivul pentru care data respectivă a fost abandonată în favoarea celei de 25 decembrie.

CAPITOLUL XXIII

Originea Crăciunului şi a altor comemorări

În cadrul ultimului capitol am arătat că nu se cunoştea ziua de naştere a lui Isus şi că, în cele din urmă, creştinii au ales data de 6 ianuarie pentru comemorarea aniversării Sale, având în vedere că ziua respectivă fusese aleasă în prealabil pentru comemorarea botezului Său, iar sentimentul general era că naşterea şi botezul trebuiau sărbătorite în acelaşi timp. Existau însă şi alte date pe care anumiţi oameni le aveau în vedere pentru comemorarea naşterii lui Isus. Clement din Alexandria, de exemplu, care a scris la sfârşitul secolului al II-lea, credea că Isus se născuse în luna noiembrie. Unii cronologişti din Egipt indicau data de 25 a lunii Pachons[n203], corespunzătoare unei zile din luna mai, iar alții, data de 24, sau 25, din luna Pharmuthi, corespunzătoare unei zile din luna aprilie. În jurul anului 243 un alt cronologist a stabilit nașterea Sa în ziua de 28 martie. În ciuda acestor opinii diferite, 6 ianuarie era data acceptată în majoritatea cazurilor.

Către sfârșitul secolului al IV-lea, Biserica a început să simtă nevoia comemorării zilei de naștere în cadrul unei sărbători separate de comemorarea botezului, cu scopul de a contracara erezia Maniheistă[n204] care declara că Isus fusese o fantasmă și că nu se născuse nicicând. În timp ce aniversarea nașterii spirituale, sau a „manifestării", a fost lăsată pe 6 ianuarie, în acord cu Chrysostom și cu alții care considerau că viața divină a lui Isus a început doar din momentul botezului, aniversarea nașterii Domnului, care a fost atent deghizată în „naștere în chip firesc", a fost schimbată pe 25 decembrie.

Această nouă dată nu era prea convingătoare la început, fiind aleasă în mod evident sub influență păgână. Din vremuri de mult uitate, 25 decembrie reprezenta data de naștere a Soarelui și era prilej de mare sărbătoare în multe locuri. În realitate, creștinii au fost constrânși să aleagă această dată de două lucruri pe care nu le-au putut îndeplini. Ei nu a putut suprima un obicei atât de vechi și nu au putut face oamenii să nu mai identifice nașterea lui Isus cu nașterea Soarelui. A fost necesar, de aceea, să recurgă la un artificiu frecvent folosit și recunoscut în mod deschis de Biserică. Este vorba despre acordarea unei semnificații creștine unei ceremonii păgâne care este imposibil de suprimat. Un scriitor sirian, creștin, al timpurilor străvechi[356] spune foarte clar că „motivul pentru care Părinții au mutat celebrarea de pe 6 ianuarie pe 25 decembrie este acela că păgânii obișnuiau să sărbătorească, exact pe 25 decembrie, ziua de naștere a Soarelui. În ziua respectivă aceștia obișnuiau să aprindă felinare, iar la ritualuri și festivități participau și creștinii. Prin urmare, atunci când Doctorii Bisericii[n205] au înțeles că bunii creștini îndrăgeau această

---

[356] Citat de Credner, *De natalitiorum Christi origine*, în Zeitschrift für Neuere Theologiegeschichte III, 2, 1833, p. 239.

sărbătoare, au hotărât că adevărata Naştere a Domnului trebuie comemorată în ziua respectivă".

Cei din vechime au considerat timp îndelungat în mod greşit 25 decembrie data solstiţiului de iarnă, în locul celei corecte, 21 decembrie[357]. Această greşeală a fost preluată chiar şi în calendarul Iulian[358], 25 decembrie fiind numită ziua naşterii Soarelui, sau momentul din care durata zilei începe să crească. Însă în secolul al III-lea şi în secolul al IV-lea mitraismul devenise cea mai importantă religie a Soarelui din Imperiul Roman, iar Mitra era denumit în mod curent „Soarele Invincibil"[359]. Găsim, astfel, în calendarul lui Filocalus[n206], care datează din anul 336 d.Hr., faptul că data de 25 decembrie este marcată *N. Invicti*, varianta prescurtată a *Dies Natalis Solis Invicti*, "Ziua de Naştere a Soarelui Neînvins", o referire la Mitra dincolo de orice dubiu.

Prima referire cunoscută la 25 decembrie drept zi de naştere a lui Isus apare într-o lucrare în limba latină din jurul anului 354[360], însă nu este menţionată nicio sărbătoare, iar data respectivă nu are atestare istorică. Totuşi, Împăratul Honorius, care a domnit în Apus între anii 395 şi 423, spune că această dată este ţinută la Roma în calitate de sărbătoare nouă, iar un decret imperial din jurul anului 400 o cataloghează împreună cu Boboteaza şi Paştele drept una dintre cele trei mari sărbători ale Bisericii, cu ocazia cărora teatrele trebuie să fie închise. Se pare că această sărbătoare a fost instituită în Vest, întrucât cultul lui Mitra era mai puternic acolo, după care a ajuns şi în Est. Cu toate acestea, Bisericile di Siria şi din Armenia au fost îngrozite în faţa desemnării acestei date, o zi de naştere consacrată a multor zei-solari păgâni şi au acuzat cu ardoare Biserică apuseană de venerarea Soarelui şi idolatrie. Aceste Biserici au susţinut că data de 6 ianuarie era mai potrivită, aparent uitând că 6 ianuarie reprezenta sărbătoarea păgână a lui Dionis şi a lui Osiris. Ştiau că Isus era denumit adesea

---

[357] N.T.: Ceva mai rar şi 22 decembrie.
[358] Plinius cel Bătrân, *Historia Naturalis* XVIII, 221.
[359] Cumont, *Textes et Mons*, I, 325.
[360] Mommsen, *Abhandlungen d. sachs. Akad. d. Wissenschaften*, 1850.

"Soarele"[361], că era asociat îndeaproape, în minţile păgânilor, cu Mitra şi simţeau că preluarea zilei de naştere a Soarelui ca zi de naştere a lui Isus reprezenta o acceptare inadmisibilă a puterii lumii păgâne. Augustin[n207] îşi roagă tovarăşii-creştini să nu considere noua dată, sfântă, în baza legăturii cu Soarele, ci datorită Aceluia care a făcut Soarele[362]. Cu toate acestea, Bisericile de la Răsărit au fost nevoite să-şi dea acordul în cele din urmă şi astfel ziua de 25 decembrie a devenit ziua de Crăciun. Nu avea, totuşi, să devină *dies non*[363] în tribunalele din Roma până în anul 534.

Solstiţiul de iarnă, care marchează începutul sporirii puterii Soarelui, era un eveniment mult mai important şi vesel în Nord decât în ţările mai calde. Prin urmare, data de 25 decembrie a fost mereu sărbătorită cu mult mai mult entuziasm în rândul popoarelor Germanice şi a altor popoare nordice, în comparaţie cu popoarele de la Sud şi Est, în rândul cărora este mai apreciată slăbirea puterii Soarelui. De aceea, nimic nu ilustrează mai clar că 25 decembrie, Crăciunul, era o sărbătoare a Soarelui, decât faptul că popoarele nordice, până în ziua de astăzi, îl sărbătoresc cu mai multă voioşie decât popoarele sudice. Pentru noi, reprezintă sfârşitul unui an, începutul anului nou şi momentul după care începem să ne gândim la venirea primăverii şi la mărirea zilelor.

Venerabilul Beda[364], care a scris în prima parte a secolului al XVII-lea, afirmă că "oamenii de demult, din poporul anglilor", prin care se referă la poporul păgân, de dinainte de a se fi stabilit în Britania în jurul anului 500 d.Hr., "începeau anul pe 25 decembrie, când noi sărbătorim naşterea Domnului". Acesta ne spune că noaptea dintre 24 şi 25 decembrie, "care este noaptea sfântă pentru noi, era numită, pe limba lor, *Modranecht*, adică, «Noaptea Mamelor», în baza ritualurilor pe care le îndeplineau pe durata întregii nopţi". El nu menţionează în ce constau ritualurile respective, însă este evident faptul că aveau

---

[361] De exemplu, Cyprian, *De Orat. Dom.*, 35 şi Ambrose, *Serm.*, VII, 13.
[362] Augustin, *Predici*, CXC, 1.
[363] N.T.: Zi în care nu pot avea loc dezbateri juridice.
[364] Beda, *De temporum ratione*, XIII.

legătură cu nașterea zeului-Soare. Atunci când englezii au fost convertiți la creștinism, în secolele VI și VII, sărbătorirea nașterii Domnului pe 25 decembrie fusese de mult instituită la Roma drept celebrare solemnă. În Anglia însă, faptul că a fost identificată cu străvechea sărbătoare păgână *Yule* (care înseamnă „veselie"), i-a conferit un caracter vesel, pe care nu îl avea în Sud. Acest caracter a supraviețuit și este în contrast marcat cu natura sărbătorii în rândul popoarelor latine, care au aflat doar de curând obiceiul nordicilor de a petrece și de a oferi cadouri de Crăciun.

Scriitorul sirian timpuriu menționat mai sus spune că exista un obicei păgân străvechi care prevedea aprinderea unor focuri pe data de 25 decembrie. După separarea Crăciunului de Bobotează, aceste focuri erau aprinse de creștini până în ziua Bobotezei, pe 6 ianuarie. Acest obicei s-a perpetuat prin arderea bușteanului *Yule* și prin aprinderea unor lumânări în pomul de Crăciun. Chiar și în ziua de astăzi este considerată corectă despodobirea pomului de Crăciun pe, sau înainte de 6 ianuarie (A Douăsprezecea Noapte). Chiar pomul de Crăciun derivă, probabil, din obiceiul menționat de Virgiliu[n208] privind pomul în care erau atârnate jucării cu ocazia Saturnaliei[n209], marea petrecere Romană care avea loc pe 17 decembrie, dar care nu pare să aibă nicio legătură clară cu sărbătoarea Crăciunului.

Așadar Crăciunul nostru nu reprezintă, iar în vremurile străvechi nu a fost considerat niciodată a reprezenta, aniversarea nașterii Domnului nostru. Este ziua de naștere a Soarelui, în mod deosebit a lui Mitra și aproape tot ce are legătură cu aceasta este pur păgân. Având, însă, în vedere că ziua nașterii lui Isus trebuie considerată cel mai important eveniment din istoria lumii și întrucât nu este cunoscută data adevărată, se cade ca sărbătorirea ei să continue o tradiție veselă, de o vechime imemorială. Putem fi de acord din toată inima cu Papa Grigore I, care, în anul 601 i-a scris lui Mellitus[n210], trimisul său în Anglia, spunându-i să nu oprească aceste festivități păgâne antice, ci să le adapteze ritualurilor Bisericii și să le schimbe doar motivația, din păgână în creștină[365]. Puritanii chiar au încercat în anul 1644 să

---

[365] Beda, *Ecclesiastical History*, XXX.

împiedice printr-o Hotărâre a Parlamentului englez distracția în ziua de Crăciun și au reușit suprimarea sărbătorii în Scoția. În Anglia, însă, Hotărârea a fost respinsă de Carol al II-lea și atmosfera veselă tradițională a zilei respective a fost reinstituită.

În ceea ce privește Paștele am arătat deja că, din moment ce Domnul nostru s-a ridicat din mormânt în duminica de după Paștele evreiesc și având în vedere că Paștele evreiesc era la origine o sărbătoare a primăverii, data din perioada echinocțiului de primăvară în care creștinii sărbătoreau evenimentul coincidea cu data învierii unor zei păgâni (Attis, de exemplu), care fuseseră inițial zei ai vegetației. La anglo-saxoni, luna aprilie era închinată zeiței primăverii, Eostre, sau Ostara. Mare sărbătoare a acesteia a dat numele Paștelui[366] nostru. Și cu această ocazie Biserica a fost sinceră, iar Beda declară că sărbătoarea era (în Anglia) pur și simplu „vechea sărbătoare respectată cu bucuria unei noi ceremonii"[367]. Socrates[368], istoricul bisericii, spune că reprezenta, în general, o continuare a unei datini mai vechi, "exact cum au fost stabilite multe alte obiceiuri".

Frazer[369;n212] a arătat că sărbătoarea Sfântului Gheorghe, celebrată de Biserică pe 23 aprilie, a înlocuit sărbătoarea păgână *Parilia*, "Ziua Romei". Aș putea adăuga că însuși Sf. Gheorghe nu este altul, decât zeul egiptean Horus, care a ucis cu lancea monstrul care simboliza divinitatea rea, pe Seth[n213]. Sărbătoarea Sântului Ioan Botezătorul, din 24 iunie, a înlocuit sărbătoarea apei de la jumătatea verii, care era organizată în onoarea unor zei, cum ar fi Adonis[370]. În ziua respectivă oamenii obișnuiau să se rostogolească în iarbă, în roua dimineții, sau să se scalde în izvoare și în râuri pentru a obține protecție divină în fața adversităților viitoare, iar Biserica nu a reușit să suprime acest obicei. Prin urmare această zi a fost plasată sub ocrotirea propriului sfânt al apelor, obiceiul a fost transmis în multe

---

[366] N.T.: *Easter*, în limba engleză.
[367] Beda, *De temporum ratione*, XV.
[368] Socrates, *Ecclesiastical History*, V, 22.
[369] Frazer, The Magic Art, vol. II, cap. IX.
[370] Frazer, Adonis, Attis, Osiris, cartea I, cap. IX.

țări și i s-a permis să continue până în ziua de astăzi. Sărbătoarea Adormirii Maicii Domnului, celebrată de Biserica romano-catolică pe 13 august este, după cum am menționat cu altă ocazie, sărbătoarea Dianei. Lammas[n214], pe 1 august în calendarul Bisericii, este *Hlaf-mass*-ul anglo-saxon, "Sărbătoarea Pâinii", o sărbătoare păgână străveche de mulțumire pentru coacerea cerealelor. Ziua morților este străvechea sărbătoare Egipteană a felinarelor. Postul Mare continuă, probabil, cele 40 de nopți de doliu din cadrul misterelor Proserpinei și alte astfel de perioade din religiile primitive. Trebuie, însă, remarcat faptul că Postul Mare de 40 de zile datează, doar, din preajma anului 600 d.Hr.. Cuvântul „*Lent*" (*Great Lent* înseamnă Postul Mare, Postul Paștelui, n.t.) înseamnă „Primăvară" și reprezenta la început, fără niciun dubiu, o perioadă de îmbunare a spiritelor, înainte de perioada de înflorire a pomilor și înaintea reînverzirii pământului de la echinocțiul de primăvară, care era considerat de păgâni momentul anual al reînvierii zeilor.

CAPITOLUL XXIV

Interpretarea greșită a creștinismului

Un lucru trebuie să le fie clar celor care au citit capitolele anterioare: creștinismul s-a dezvoltat și a devenit religie într-o lume ocupată de păgânism. Ar fi fost imposibil ca acesta să nu influențeze noua credință. În realitate, chiar mințile teologilor creștini erau saturate de ideile lumii păgâne. Doctrinele și ritualurile create de aceștia ilustrează cu claritate atât nuanțele intense ale carnavalurilor sacre ale Antichității îndepărtate, cât și petele întunecate și haosul înspăimântător al superstițiilor primitive în mijlocul cărora se dezvoltase noua religie. Sângele și vinul împărtășaniilor din vechime au stropit toată teologia creștină, iar dogmele sale poartă până în ziua de astăzi semne care trădează întemeierea lor printre străluciri barbare și în mijlocul confuziei îngrozitoare a unei vechimi uitate. Bucuria și teroarea se amestecă în liturghia Bisericii. Strigătul triumfal al zeilor antici reverberează în sărbătorile sale, iar geamătul nenumăraților zei încarnați și uciși pentru iertarea păcatelor se face auzit ca o șoaptă în rugăciunile și psalmodierile sale.

Prin urmare, gânditorul creștin al mai rafinatului secol al XX-lea care insistă în privința necesității separării elementului păgân de adevărurile fundamentale ale Credinței, trebuie să simtă că improvizațiile de genul celor întreprinse în Anglia în ceea ce privește Cartea de rugăciune nu pot fi de mare ajutor. Trebuie să aibă loc o mișcare sinceră de întoarcere la Isus, cel real și la învățăturile Sale, astfel încât să fie limpede că religia creștină nu constă în adorarea crucifixului mistic, ci în supunerea sinceră în fața Domnului cu existență istorică și în servirea lui Dumnezeu în modul stabilit de El, pe cât de mult îl putem desluși în părțile care par autentice din scrierile acceptate. Trebuie recunoscut cu sinceritate faptul că vechea interpretare a creștinismului are lipsuri. La fel cum înaintașii noștri au eliminat unele doctrine timpurii, spre exemplu, Teoria răscumpărării[n215] și noi trebuie să fim pregătiți să abandonăm unele dogme, nedemne de această perioadă istorică, indiferent de cât de adânc înrădăcinate în crezul ortodox le-a făcut tradiția să pară.

Unul dintre cele mai clare lucruri în legătură cu Isus, cel istoric, este că El a avut foarte puțin de spus despre lumea cealaltă. Toate învățăturile Sale se referă la această lume. El era preocupat de moralitatea omenirii și de fericirea care ar fi decurs din aceasta, de condiția ideală a societății de pe pământ, care s-ar fi dezvoltat sub strălucirea iubirii lui Dumnezeu. Oricum ar fi abordat subiectul, preocuparea Sa cea mai înaltă era îmbunătățirea lucrurilor din această lume, nu explicarea celor de pe lumea cealaltă. El a formulat principii spirituale și reguli de conduită, a căror respectare face ființa umană demnă de primirea binecuvântărilor din înalt, aici și acum. "Veniți la Mine, toți cei trudiți și împovărați", a spus El, "și Eu vă voi da odihnă.

Luați jugul Meu asupra voastră și învățați de la Mine (...) și veți găsi odihnă pentru sufletele voastre. Căci jugul Meu este bun și sarcina Mea este ușoară"[371].

Nu a ținut disertații despre natura lui Dumnezeu, despre alcătuirea Sfintei Treimi, despre necesitatea sacrificiului în vederea mântuirii omenirii[372] (pe care Dumnezeu ar fi acceptat ca El să îl facă în locul individului), sau despre dependența izbăvirii de anumite practici religioase. Nu a vorbit mult despre ritualuri, ceremonii, sau rânduieli, cu excepția faptului că le-a spus ucenicilor Săi să nu facă din Sabat o zi sfântă, să nu fie preocupați de formele exterioare și să nu se roage în chip ostentativ. Pentru El ritualul nu însemna nimic și nu existau dogme teologice de recitat. Isus nu cunoștea teologie, dincolo de faptul că Dumnezeu este iubire și că Împărăția lui Dumnezeu din sufletul omului, poate și va fi întemeiată pe acest pământ, în baza supunerii la regulile pe care El le-a propovăduit și exemplificat. Învățăturile Sale au fost predicate, sub anumite aspecte, de mari gânditori din națiuni și perioade îndepărtate din multe puncte de vedere. Niciodată, însă, nu au fost expuse cu atâta claritate și în mod atât de convingător, nu au fost unite pentru a forma o îndrumare promptă pentru omul obișnuit, nu au fost susținute de un exemplu atât de nobil în privința modului în care o persoană distinsă poate trăi pentru binele celorlalți, nu au fost atât de libere de teologia și eshatologia, proprii învățătorului.

Omul, însă, este cel mult o creatură fricoasă, iar în vremurile primordiale, asediat fiind de spaimele necunoscutului, era mai dispus să asculte șoaptele superstițiilor moștenite și să calmeze furia teribilă a unei presupuse Providențe prin ritualuri și ceremonii, decât să urmeze un exemplu atât de simplu, de încredere în bunătatea lui Dumnezeu, cum era cel oferit de Isus. Prin urmare, se poate spune că străvechile scrieri creștine, în general și Cartea de rugăciune încă folosită în Anglia, în particular, tremură într-o neliniște profundă. "Miluiește-ne, Bunule Dumnezeu și nu fi mereu mâniat pe noi", geme

---

[371] Matei XI, 28 – 30.
[372] N.T.: 1 Petru II, 24; III, 18.

Litania. "Mântuieşte-ne, Bunule Dumnezeu, de urgia Ta şi de pierzania veşnică!" Înspăimântătorul mit Diluvian este introdus în rugăciunile anglicane de vreme bună, una dintre care începe prin cuvintele absurde: "O Doamne, Tu, care, pentru păcatele omului, ai înecat odată întreaga lume, cu excepţia a opt persoane...", în timp ce rugăciunea pe timp de boală sună astfel: "O Doamne, ai trimis în urgia Ta, o boală asupra poporului Tău, în pustiu şi ai ucis şaptezeci de mii de oameni, Miluieşte-Te de noi şi, aşa cum i-ai poruncit Îngerului nimicitor să înceteze aplicarea pedepsei, Fie-ţi milă şi ridică această boală de asupra noastră". Rugăciunea de vreme bună începe astfel: "O Doamne, Tu care ne-ai umilit, pe bună dreptate, prin ultima năpastă, aceea a ploii nemăsurate, pe care ne-ai trimis-o... ", iar rugăciunea pentru ploaie vorbeşte despre „lipsa cauzată în mod cât se poate de drept de ticăloşia noastră". Vechiul instinct păgân din noi este acela care huleşte astfel, imputându-i Dumnezeului Iubirii pornirile unui spiriduş răzbunător. Cu ocazia comemorării uciderii pruncilor, sărbătoare religioasă celebrată de Biserică pe 28 decembrie pentru reevocarea unui masacru care, aproape fără îndoială, nu a avut loc vreodată, Dumnezeu este intitulat autor al presupusului masacru. Rugăciunea scurtă începe prin cuvintele şocante: "O Doamne, Tu care ai făcut ca pruncii să Îţi aducă glorie, prin a lor moarte...". În cadrul slujbei anglicane de Împărtăşanie, credincioşii sunt îndemnaţi să mănânce corpul şi să bea sângele lui Isus cu evlavia cuvenită, ca nu cumva „să aprindă mânia Domnului împotriva lor şi să Îl facă să-i urgisească prin diferite boli şi diverse tipuri de moarte". În întreaga Carte reverberează strigătul înspăimântat: "Cruţă-ne, Bunule Dumnezeu; cruţă-ne, pe noi, păcătoşi nenorociţi!", în timp ce o ploaie de cuvinte linguşitoare încearcă să mulţumească Fiinţa plină de urgie.

Acestea şi alte lucruri asemănătoare reprezintă relicve păgâne care trebuie îndepărtate din liturghia creştină, astfel încât religia să se poată îndrepta în direcţia în care Domnul nostru intenţiona să o mişte, anume, în direcţia Regatului Cerului pe pământ, departe de presupusa ameninţare din cer. Creştinismul lui Isus Cristos nu pune accentul pe mânia lui Dumnezeu, sau pe faptul că El administrează pedepse, dar vede, în principal, iubirea Lui și capacitatea Lui infinită de iertare a slăbiciunilor omului. Presupusele referiri directe ale Domnului nostru la focul iadului, apar toate în Evanghelia după Sf. Matei, ultima și cea mai puțin demnă de încredere dintre evangheliile sinoptice și nu sunt coroborate de consemnări anterioare ale spuselor Sale[373], în vreme ce „mânia lui Dumnezeu" este menționată doar într-o glosă redacțională evidentă, în ultima evanghelie, aceea după Sf. Ioan[374]. Mai mult decât atât, noțiunea de Loc al Suferinței, în care vor fi pedepsiți prin durere fizică cei răi și a unui Dumnezeu plin de urgie, care este un fel de polițist combinat cu magistrat, temnicer și călău, nu poate fi descoperită în concepția lui Isus. Aceasta concepție aparține unei perioade primitive și este total nedemnă de inteligența modernă. Bunătatea conține propria răsplată, iar păcatul, propria pedeapsă, deoarece una este „viață" și duce la o condiție în care este stabilit contactul cu Dumnezeu, iar celălalt este „moarte", pentru că duce la o condiție care Îl exclude Dumnezeu. Iadul, în măsura în care este interpretată învățătura lui Isus, era pur și simplu *întunericul de afară*[375], excluderea din Împărăția lui Dumnezeu, o stare a minții în care viermele[376] numit conștiință nu are odihnă și focul remușcărilor nu se potolește. El recunoștea o lume a spiritelor, pentru că Petru, care Îl cunoscuse și ascultase învățăturile Sale, credea că în orele scurse între prăbușirea Sa pe cruce, în seara zilei de vineri și apariția Sa, în viață, în dimineața zilei de duminică, El predicase spiritelor morților[377] și este de presupus că această credință se baza pe ceva ce Isus menționase în legătură cu acel subiect. Însă nicăieri în eshatologia Domnului nostru nu este loc pentru ideea torturii eterne, drept pedeapsă pentru facerea de rău și nici mintea modernă nu poate

---

[373] Cuvintele din Marcu IX, 43, 44, sunt alegorice; Cruden, Concordance, *Worm*.
[374] Ioan III, 36.
[375] N.T.: Matei VIII, 12; XXII, 13; XXV, 30.
[376] Marcu IX, 44, citând din Isaia LXVI, 24.
[377] Petru III, 19; IV, 6.

concepe un Dumnezeu atotputernic și iubitor, care este în același timp un monstru hain, surd la strigătele jalnice ale damnaților.

Focul etern al Iadului asupra căruia conduce Satan reprezintă o credință păgână, care a fost adăugată creștinismului cu ceva timp înaintea realizării Evangheliei după Sf. Matei, adică, după anul 100 d.Hr.. Referirile lui Isus la Satan sunt atât de rare și atât de vagi, încât s-ar putea presupune că El nu credea într-un Diavol[378] personal, chiar dacă El credea cu siguranță în puterile răului. Ideea creștină a unui Prinț al Întunericului pare să fi intrat în credință creștină prin intermediul mitraismului, în care Mitra reprezenta „Lumina" personificată și, în consecință, Răul era „Întunericul". Satan este, pur și simplu, străvechiul Ahriman[n216] din Persia, inamicul etern al lui Ormuzd[n217] și străvechiul Seth, din Egipt, adversarul lui Osiris. Sub forma de Mefisto, i se poate urmări filiația până la altădată mult-iubitul zeu Pan. Drept Belzebut, el este Zeus Myagros, "Cel care împrăștie muștele", care era pentru filistinii din Ekron[n218], *Baál-z'bub*, "Împăratul muștelor", un zeu bun de altădată, ocrotitor al turmelor.

Creștinismul s-a preocupat foarte mult de acest Diavol din mitologie, de cazanul de pe foc, de scăparea omului de cazanul respectiv prin sacrificiul lui Isus Cristos pe cruce și a susținut în continuu venerarea lui Isus, în calitate de Dumnezeu și Mântuitor. Creștinismul a distras atenția membrilor săi de la faptul că misiunea religiei ar trebui să fie, de fapt, promovarea împărăției lui Dumnezeu pe pământ și stabilirea condițiilor potrivite între oamenii în viață. Munca unui creștin înseamnă munca în acestă lume, nestingherită de groaza fața de lumea cealaltă. Nu reprezintă timp de pierdut în îngenuncherea în fața unei Divinități mânioase, în a-i spune ce Dumnezeu „extraordinar" este, în a-L implora să nu ne facă rău acum, sau în viața de apoi, în îndeplinirea unor rituaIuri pentru siguranța noastră în fața altarelor Sale. Preotul are un lucru mai bun de făcut în biserică. Acesta ar trebui să se roage pentru puterea de a-L asculta pe Cristos în loc de a-L venera pur și simplu. Datoria unui creștin este aceea de a continua dezvoltarea condițiilor sociale, prin gândurile și

---

[378] Este nesigură autenticitatea întregului paragraf din Matei XXV, 31-46.

acţiunile sale din viaţa de zi cu zi, astfel încât să poată fi creată la timpul cuvenit acea formă ideală a societăţii care a fost predicată de Isus. Aceasta nu este, însă, optica ortodoxiei. În optica acesteia, obiectivul principal al creştinului este mântuirea sufletului său, prin îndeplinirea anumitor ritualuri şi ceremonii, prin loialitate faţă de dogmele sale şi reiterarea credinţei în acestea. Apa de botez este elementul care marchează izbăvirea păcatelor. Consumarea trupului şi sângelui lui Isus este ceea ce stabileşte comuniunea cu El. Repetarea crezului este ceea ce constituie pavăza certă faţă de focul iadului. Şi aşa mai departe. Nu este afirmat niciodată faptul că singura noastră speranţă stă în punerea în practică a învăţăturilor lui Isus Cristos, nu în ritual, nu în împărtăşanie şi nici în venerare. Învăţăturile lui Isus îndemnă la încredere în iubirea lui Dumnezeu, afecţiune şi consideraţie între oameni, tovărăşie faţă de cei condamnaţi de societate, curaj în formarea propriilor convingerilor, cutezanţă în raport cu consecinţele atunci când acţiunea este bazată pe convingeri, iertarea insultelor, bunăvoinţă în privinţa duşmanilor, refuzul de a-i judeca pe alţii, modestie, evitarea oricărei dorinţe de apreciere din partea oamenilor convenţionali[379], stăpânirea vorbelor, respectarea legii şi ordinii, îndepărtarea grijilor, alături de toate celelalte precepte care înlesnesc buna înţelegere pe pământ.

Atitudinea greşită a creştinismului este, în foarte mare măsură, opera Sfântului Pavel, personalitatea căruia s-a interpus ca un nor între creştin şi Isus, cel din istorie. Pe Pavel nu îl interesa Cristos, Învăţătorul. Îl interesa Cristos, Jertfa-umană Divină. "Grecii caută înţelepciune", spunea el cu dispreţ, "însă noi propovăduim pe Isus cel răstignit"[380]. El nu a vrut să se gândească la Isus, omul. A preferat extazul descrierii lui Cristos, cel divin. "Chiar dacă am cunoscut pe Cristos în felul lumii", spunea el, "totuşi de acum nu-L mai cunoaştem"[381]. El a respins chiar şi ideea de a fi deprins învăţătura autentică a lui Isus, aşa cum este relatată de ucenici, fiindcă face

---

[379] Luca VI, 26.
[380] 1 Corinteni I, 17-29.
[381] 2 Corinteni V, 16.

următoarea afirmație: "Pentru că n-am primit Evanghelia de la vreun om, nici n-am învățat-o, ci mi-a fost revelată de Isus Cristos"[382], ceea ce dorește să transmită faptul că revelația lui, despre Mielul de sacrificiu al Lui Dumnezeu, ucis pentru iertarea păcatelor, este mult mai importantă decât respectarea regulilor enunțate de Domnului nostru în timpul activității Sale propovăduitoare. În prezent, însă, oamenii care cugetă, caută înțelepciune asemenea grecilor de altădată, înțelepciune care va ajuta întemeierea Împărăției Domnului pe pământ. Tendința în rândul laicilor este de a se întoarce la Isus Cristos cel adevărat, cel care a existat în istorie, la care se poate ajunge acum doar croind drum, așa cu am încercat și eu să fac în aceste pagini, prin mulțimea de năluci a zeilor străvechi, barbari și pătați de sânge, care au intrat în Biserică și au cerut venerare din parte omului rutinar în baza unui drept imemorial.

SFÂRȘIT

---

[382] Galateni I, 12.

Notele traducătorului

n1   Biserica anglicană este o biserică istorică, despărțită de Roma în timpul Reformei protestante, prin ruptura survenită între Henric al VIII-lea și papa Romei. În Scoția și SUA, denumirea oficială este Biserica episcopală.

n2   În prezent, teritoriile britanice din afara granițelor reprezintă 14 entități care, deși nu fac parte din Marea Britanie, se află sub suveranitatea acesteia. Cu excepția Gibraltarului, sunt situate în afara Europei și nu fac parte din Uniunea Europeană. Acestea sunt: Anguilla, Bermuda, Teritoriul Antarctic Britanic, Insulele Virgine Britanice, Teritoriul Britanic din Oceanul Indian, Insulele Falkland, Gibraltar, Insulele Cayman, Montserrat, Insulele Pitcairn, Sfânta Elena (inclusiv Ascension și Tristan da Cunha), Bazele militare suverane Akrotiri și Dhekelia, Georgia de Sud și Insulele Sandwich de Sud, Insulele Turks și Caicos.

n3   Biserica Simplă în cultul anglican, minimalizează rolul preoților, sacramentelor (nume dat în religia catolică fiecăreia dintre cele șapte taine bisericești: Botezul, Confirmarea, Euharistia, Penitența, Hirotonirea, Căsătoria și Maslul, sau Ultima Miruire), ceremonialului si pune accentul pe principiile evanghelice.

n4   Biserica Sacerdotală în cultul anglican, pune accentul pe elementele sacerdotale, liturgice, ceremoniale, tradiționale si Catolice.

n5   Reforma engleza, serie de evenimente din Anglia secolului al XVI-lea în urma cărora Biserica anglicana a ieșit de sub autoritatea Papei si a Bisericii romano-catolice. Aceste evenimente au fost asociate în parte cu procesul mai larg al Reformei protestante la nivel European.

n6   Isus ben Pandira. Talmudul afirmă ca Isus ben Pandira a fost Cristos istoric și a trăit cu un secol înainte de Isus, în cel de-al patrulea an al domniei lui Alexander Jannaeus, Rege al Iudeei (106 - 76 î.Hr.), care este tiranul rău din Talmud si adevăratul Irod, care a persecutat mii de Iniţiaţi si a condus la povestea din Biblie.

n7   Ionatan Alexandru Ianai (127 - 76 î.Hr.) a fost rege al Iudeei şi marele preot al evreilor (103 - 76 î.Hr.) din Dinastia Hasmoneilor, în perioada celui de-al Doilea Templu. A dus mai multe războaie şi a extins mult teritoriul regatului. Este cunoscută şi confruntarea sa permanentă cu fariseii.

n8   Photius (circa 820 – circa 897 d.Hr.), cunoscut şi sub numele de Fotie, a fost un important teolog şi filosof bizantin, părintele curentului umanist din Bizanţ şi unul din precursorii organizării Universităţii de stat din Constantinopol. Fotie I este considerat ca cel mai influent Patriarh al Constantinopolului din punct de vedere doctrinar, după Ioan Gură de Aur (Ioan Chrysostom 345 - 407 d.Hr.). Fotie a fost Patriarh al Constantinopolului între anii 858 - 867 şi 877 - 886 şi a fost canonizat de Biserica ortodoxă.

n9   Plinius sau Pliniu cel Bătrân (în latină, Gaius Plinius Secundus, sau Plinius Maior), s-a născut în anul 23 d.Hr., la Novum Comum (Como, Italia) şi a murit la data de 24 august 79. A fost un important şi renumit erudit al Imperiului Roman. Cea mai cunoscută şi singura păstrată este opera sa despre ştiinţele naturale „Istoria Naturală", o enciclopedie alcătuită din 37 de volume. A realizat o istoriei Romei în 31 de volume, continuând opera istoricului roman Basus din anul 47. Istoricul roman Tacitus a folosit mai târziu lucrările lui Plinius.

n10   Caiu Corneliu Tacit (circa 55 - circa 115 d.Hr.), a fost un om politic şi unul din cei mai importanţi istorici romani, considerat părintele istoriografiei latine. Se cunosc puţine amănunte din viaţa lui. Tot ce se ştie despre Tacit provine fie din scrierile lui sau din scrisorile lui Pliniu cel Tânăr, bunul său prieten. În timpul împăratului Vespasian, Tacit a început cariera politică de senator. În ultimele două decenii ale vieţii şi-a început activitatea literară şi istorică iar operele sale au devenit publice după sfârşitul domniei lui Domiţian.

n11   Pilat din Pont, sau Ponţiu Pilat, originar din Pontul Asiei mici, a fost al cincilea prefect (guvernator roman) al Iudeei între anii 26 - 36, în vreme ce la Roma era împărat Tiberius, fiu adoptiv al lui Octavian. Sub domnia acestuia s-ar fi făcut recensământul „în toată lumea", pe când în Siria cârmuia Quirinius (Luca 2:1-2), eveniment care nu este confirmat de niciun alt izvor istoric și care este considerat imaginar de istorici. Istoricul evreu Josephus menționa că în anii 6 - 7 d.Hr., Quirinius și Coponius au ținut un recensământ, dar după moartea lui Irod cel Mare, la circa zece ani după nașterea lui Isus, iar recensământul nu s-a ținut în toată lumea și n-a necesitat întoarcerea la căminul originar și nici măcar n-a inclus Galileea.

n12 Tiberius Caesar Augustus, născut Tiberius Claudius Nero (16.11.42 î.Hr. - 16.03.37 d.Hr.), a fost al doilea împărat roman și a domnit de la moartea lui Augustus în anul 14, până la moartea sa, în anul 37.

n13 Iosephus Flavius, (37, Ierusalim - circa 100, Roma, d.Hr.) a fost un istoric evreu din primul secol, de origine regală și preoțească, care a descris Primul război evreo-roman (66 - 70), sau Marea Revoltă a evreilor de la începutul erei noi contra cotropirii romane, de la primele agitații anti-romane din Iudea din anul 66 și până la cucerirea și distrugerea Ierusalimului de către Titus Flavius Vespasianus în anul 70.

n14 Plinius sau Pliniu cel Tânăr, cunoscut drept Plinius Minor (61 sau 63, Como, Italia - circa 115 d.Hr.), a fost un consul roman. A fost nepotul matern al lui Plinius cel Bătrân. A fost consul în anul 100 și proconsul în Pont și Bitinia în anii 112 și 113. A fost prieten cu Tacit și un apropiat al împăratului Traian.

n15 Gaius Suetonius Tranquillus (circa 69/75 - după 130 d.Hr.) a fost unul dintre cei mai importanți istorici romani. Acesta a scris opera intitulată „Caesarum XII vitae" (Viața celor 12 Cezari), care conține biografiile unor împărați romani, de la Cezar la Domițian, sub forma unor medalioane structurate într-un segment cronologic, în care sunt narate faptele politice, militare și culturale.

n16 Termenul de epistole Pauline este folosit de obicei cu referire la paisprezece cărți incluse în canonul Noului Testament și atribuite tradițional apostolului Pavel, cele mai multe pe baza unei identificări în text a autorului. Doar una este de fapt anonimă, Epistola către evrei. Dintre cele treisprezece care se pretind Pauline, unora le este contestată autenticitatea de către criticii contemporani. În prezent opinia cercetătorilor este următoare: Romani autentică, 1 Corinteni autentică, 2 Corinteni autentică, Galateni autentică, Efeseni indecisă, Filipeni autentică, Coloseni indecisă, 1 Tesaloniceni autentică, 2 Tesaloniceni indecisă, 1 Timotei pseudonimă, 2 Timotei pseudonimă, Tit pseudonimă, Filimon autentică, Evrei ne-Paulină.

n17   Bruno Bauer (6.09.1809 – 13.04.1882) a fost un filosof și istoric german. A fost student al lui G.W.H. Hegel și un adept al Raționalismului radical in filosofie, politică și critica Bibliei. A cercetat originile Noului Testament și pornind de la orientarea filoelenă a lui Hegel a ajuns la concluzia că primii creștini datorau mai mult filosofiei Greciei antice (Stoicismului) decât Iudaismului. În 1840 a început o serie de lucrări în care căuta să demonstreze că Isus reprezintă un amestec din secolul al II-lea, al teologiei evreilor, grecilor si romanilor.

n18   Hastings Rashdall (24.06.1858, Londra - 9.02.1924, Worthing) a fost un filosof, teolog si istoric englez. A introdus teoria utilitarismului ideal (teorie care neagă faptul că maximizarea plăcerii sau fericirii este singura preocupare morală) și a fost un istoric important al universităților din Evul Mediu.

n19   Catedrala din Carlisle este sediul episcopului anglican din Carlisle, un oraș din Cumbria, nord-vestul Angliei. A fost fondată ca mânăstire a Sfântului Augustin şi a devenit catedrală în anul 1133.

n20   Joseph Barber Lightfoot (13.04.1828 - 21.12.1889) a fost un teolog englez si episcop de Durham.

n21   Carl Gustav Adolf von Harnack (7.05.1851 - 10.06.1930) a fost un teolog Luteran german. A descris influențele filosofiei eleniste asupra primilor creștini și a îndemnat creștinii să pună la îndoiala autenticitatea doctrinelor apărute la începuturile Bisericii creștine.

n22   Papias (70 - 163 d.Hr.) a fost un Părinte apostolic, Episcop al orașului Hierapolis şi scriitor. A scris *Expozeul Spuselor Domnului*, în cinci volume, lucrare importanta în ceea ce privește tradiția orală a creștinismului timpuriu si originile evangheliilor, pierdută, cu excepția fragmentelor extrase de Eusebiu din Cesareea (în aproximativ 320 d.Hr.).

n23   Hierapolis, "Orașul Sfânt" în Greaca veche, a fost un oraș antic, localizat la izvoarele calde din sud-vestul Anatoliei, lângă actualul Pamukkale, Turcia.

n24   Irineu de Lyon (secolul al II-lea - circa 202 d.Hr.) a fost un scriitor bisericesc timpuriu, părinte al Bisericii, episcop de Lugdunum (astăzi Lyon) și apologet, scrierile sale având un rol important în perioada de început a dezvoltării teologiei creștine. A făcut parte din cei care l-au cunoscut pe Policarp, care era unul din discipolii lui Ioan Evanghelistul. Cea mai importantă carte scrisă de Irineu este *Adversus Haereses* sau Împotriva Ereziilor, o combatere detaliată a gnosticismului (ce reprezenta în acea vreme o amenințare serioasă pentru Biserică) și în special sistemul gnosticului Valentinus.

n25   „Antichități Iudaice", opera de bază a lui Iosephus, are 21 volume și descrie istoria poporului evreu de la origine până la Primul război evreo-roman (anii 66 – 67 d.Hr.), respectiv până în ultimul an al domniei împăratului Domițian. Această vastă lucrare la care a lucrat până în anul 93 conține relatări de primă sursă asupra curentelor din religia iudaică din primul secol. Antichități Iudaice a fost tradusă și publicată în România – „Antichități Iudaice", traducere de Ion Acsan, București: Hasefer, 2003.

n26   Marcion (100 - 160 d.Hr.) a fost întemeietorul unui curent creștin cu influențe gnostice cu mare răspândire în secolul al II-lea, care în procesul de autodefinire a bisericii Romei a fost acuzat de erezie de către tatăl său, episcopul de Sinope. Marcion s-a născut la Sinope în Pont. În anul 135 călătorește la Roma, unde în calitate de negustor bogat, dăruiește orașului o suma enormă ceea ce îi asigură liniștea pentru a-și dezvolta propria teologie cu influențe gnostice. Învățăturile lui Marcion se extind rapid până în Egipt sau Persia, unde mai târziu vor fi combătute. Marcion a intrat în istoria bisericii ca primul mare eretic, fiindu-i dedicată o bogată literatură apologetică. În teologia liberală, a fost în parte reabilitat și este considerat un reformator al bisericii primare. Marcion a fost primul teolog care a definit diferența între un Dumnezeu al iubirii așa cum a fost el prezentat de Isus și Dumnezeul rău și crud din Vechiul Testament, unul care este răspunzător pentru Creație, Lege și Judecată. Marcion respinge întregul Vechi Testament pentru că prezintă un Demiurg care nu are nimic în comun cu Dumnezeul Dragostei din Noul Testament.

n27 Iustin Martirul, Sf. Iustin (100 – 160 d.Hr.). Născut din părinți păgâni, probabil de origine latină, s-a convertit la creștinism înainte de anul 132 și a fost martirizat la Roma. A scris două scrisori, prima fiind adresată împăratului Antonius Pius și fiilor săi (Marc Aureliu și Lucius Verus) iar a doua dedicată lui Marc Aureliu, în care solicita toleranță față de creștini, într-o perioadă în care aceștia din urmă, refuzând ritualul religios roman, erau acuzați de lipsă de fidelitate față de Imperiu.

n28 Ioan Prezbiterul a fost o figura obscură a începuturilor Bisericii Creștine, fie deosebit de, fie identificat cu Apostolul Ioan. Este menționat în unele fragmente ale lui Papias, în calitate de sursă a acestuia. Eusebiu din Cesareea este primul care îl deosebește fără echivoc de Apostol. Este frecvent propus drept autor al unora dintre cărțile Evangheliei după Sf. Ioan.

n29 Andreas din Cezareea a fost un autor teologic de origine greacă și episcop al Cezareei. A trăit la sfârșitul secolului al VI-lea, sau la începutul secolului al VII-ea.

n30 Dionisie din Alexandria, numit „cel Mare", a fost cel de-al XIV-lea Papă și Patriarh al Bisericii ortodoxe copte din Alexandria, din 28.12.248 până la moartea sa, în 22.03.264. A fost primul Papă deținător al titlului de „cel Mare".

n31 Eusebius Sophronius Hieronymus, Ieronim, născut Sophronius Eusebius Hieronymus, circa 347, Stridon, azi Strigova, Croația - 30 septembrie 420, Betleem, Palestina. Este cel mai bine cunoscut ca traducător al Bibliei din limba greacă, ebraică și aramaică în limba latină la cererea Papei Damasus I vizând revizuirea traducerilor vechi ale Sfintei Scripturi. Traducerea Sfântului Ieronim, Biblia Vulgata, este încă textul oficial al Bibliei în Biserica romană.

Ieronim a fost sanctificat în Biserica romano - catolică şi recunoscut ca Doctor al Bisericii. De asemenea, Ieronim a fost sanctificat şi de Biserica ortodoxă, fiind numit Fericitul Ieronim. Pe lângă traducerea Bibliei, Ieronim a scris comentarii teologice, expuneri istorice şi dogmatice. Ieronim ne vorbeşte astfel despre Papa Anastasie I, pe care îl descrie drept un bărbat de o mare sfinţenie, a cărei avere era sărăcia.

n32   Adonis este o figură complexă a mitologiei greceşti. Adonis s-a născut din dragostea incestuoasă a Mirrhei pentru tatăl ei, Cyniras. Legenda lui Adonis simbolizează cel mai bine trecerea la alt anotimp. Cultul lui Adonis aparţinea femeilor, după cum dezvăluie un fragment din Sappho, în care se spune că respectivul cultul s-a dezvoltat în cercul de fete tinere din jurul lui Sappho, în jurul anului 600 î.Hr.

n33   Mirrha este mama lui Adonis în mitologia greaca. Aceasta a avut o legătură incestuoasa cu tatăl ei şi a fugit până în Arabia, pentru a scăpa de blestemul lui. Acolo, zeii, înduioşaţi de situaţia ei, au metamorfozat-o în arbustul numit mirt. După 9 luni, arborele s-a întredeschis, iar nimfele pădurii au luat copilul şi l-au ascuns în peşterile din vecinătate.

n34   Hermes este zeul comerţului, zborului şi al hoţilor în mitologia greacă, mesagerul zeilor. Este fiul lui Zeus. Este cel mai tânăr zeu, după Dionis.

n35   Maia este considerată fiica lui Atlas şi a Pleionei, cea mai mare dintre pleiade. Era cea mai frumoasă şi mai timidă dintre toate fiicele lui Atlas. Cucerit de frumuseţea ei, Zeus s-a unit cu ea într-o peşteră de pe muntele Cyllene. Maia l-a născut pe zeul Hermes.

n36   Cirus al II-lea cel Mare (circa 600 - 530 î.Hr.), rege al Persiei, a fost una din cele mai strălucite personalităţi ale antichităţii.

n37   Mandana a fost o prinţesă a Mezilor, popor antic iranian care a trăit în părţile de nord-vest ale Iranului de astăzi şi regina consoartă a lui Cambyse I, Rege al Anshanului, modernul Tall-i Malyan din Iran. A fost mama lui Cirus cel Mare, conducător al Imperiului Ahmenid.

n38   Potrivit Torei, Jochebed („Yahweh este glorie") a fost una dintre fetele lui Levi si mama a lui Aaron, Miriam si Moise. A fost soția și mătușa lui Amram.

n39   Miriam a fost, conform Bibliei evreiești și Vechiului Testament, sora mai mare (cu 7 ani) a lui Moise. A fost profet și apare prima oară în Exod, unde se menționează ca era soția lui Hur, un bun tovarăș al lui Moise.

n40   Iosua Navi sau Isus Navin este un personaj biblic care a fost urmașul lui Moise la conducerea poporului evreu. El este pomenit în Cartea Exodului, în Numeri, în Deuteronomul și mai ales în Cartea lui Iosua din Biblie. S-a născut în Egipt, în tribul lui Efraim și a trăit în jurul anului 1200 î.Hr. În perioada cuceririi Canaanului, a fost un comandant militar.

n41   Al-Tabari, (839 - 923 d.Hr.), a fost un renumit cercetător și istoric Persan.

n42   Maya, "iluzie" în Sanscrită, este mama lui Gautama Buddha, pe ale cărui învățături a fost fondat Budismul, sora lui Mahāpajāpatī Gotamī, prima călugăriță Budistă. Moare la șapte zile de la nașterea lui Buddha, care este crescut de mătușa maternă Mahāpajāpatī Gotamī.

n43   Krishna este considerat un mare Avatar (Întrupare) divin și este o zeitate venerată în multe tradiții hinduse. Este prezentat de cele mai multe ori ca un tânăr păstor de vaci, care cântă la flaut (în Purana), sau ca un tânăr prinț care oferă îndrumări filosofice (în Bhagavad Gita). Krishna a fost conceput, asemenea lui Iisus mai târziu, fără uniune sexuală, prin puterea spirituală a lui Vasudeva manifestată în pântecul lui Devaki. Conform datelor scripturilor și calculelor astrologice, data nașterii lui Krishna, sărbătoare cunoscută ca Janmashtami, este 19 iulie 3228 î.Hr., iar anul morții este 3102 î.Hr. Krishna aparținea clanului Vrishni al Yadavașilor din Mathura, și era al optulea copil născut prințesei Devaki, și consortului ei Vasudeva.

n44   Mama lui Krishna este numita Maia, Mariamma, sau Maritala.

n45	Maat ka ra Hatşepsut (sfârşitul secolului XVI - circa 1482 î.Hr.), a fost al cincilea faraon din a 18-a dinastie, soţie şi regentă a faraonului Tutmes al III-lea. Ea îl ţine în umbră până în anul 1482 î.Hr., când moare. După moartea ei, numele îi este şters din istorie din ordinul faraonului Tutmes al III-lea (fiul său vitreg).

n46	Amon, sau Ammon este zeul suprem al preoţilor tebani în mitologia egipteană. Amon este zeul soarelui, cel mai important dintre zei, venerat în oraşul Teba, unde este reprezentat cu cap de berbec, sau ca un bărbat purtând o tiară cu pene.

n47	Amenhotep al III-lea (sau Amenofis al III-lea) este al IX-lea faraon al Dinastiei a XVIII-a, suveran al Egiptului între 1391 - 1353 î. Hr./sau 1388 - 1350 î.Hr. Numele său în limba egipteană antică este echivalentul lui "Amon este mulţumit".

n48	Karnak este numele egiptean modern atribuit complexului de temple, capele, stâlpi, grupuri statuare şi alte construcţii, situate în zona Tebei (pe malul Nilului), fosta capitală a Egiptului antic. Templul lui Amon-Ra din Karnak este cea mai importantă clădire a complexului monumental şi cel mai mare edificiu cu destinaţie religioasă construit vreodată. Numele antic al cetăţii era Ipetisut („cel mai ales dintre locuri"), aceasta reflectând superioritatea templului asupra altor clădiri de cult egiptene. Într-adevăr, dimensiunile templului sunt impresionante: Catedrala Saint Paul, cea mai mare din Londra, sau celebrul Notre Dame din Paris ar fi pierdute între pereţii lui.

n49	Perseu este un personaj legendar, erou de origine argiană, dar cinstit în toată Elada, fiul lui Zeus şi al Danae-ei, fiica regelui Acrisios al Argosului. Conform unui oracol, regele Acrisios al Argosului avea să moară de mâna nepotului său. De aceea a închis-o pe fiica sa Danae într-un palat subteran de bronz. Dar Zeus, s-a îndrăgostit de ea şi a intrat în acel palat printr-o ploaie de aur. Astfel, s-a născut Perseu.

n50	Apollonius din Tyana (15 - 100 d.Hr.), a fost un filosof grec din oraşul Tyana, provincia Romană Cappadocia, Anatolia. A fost comparat cu Isus de creştini în secolul al IV-lea şi de unii scriitori în vremurile moderne.

n51   Zarathustra (sau Zoroastru, 628 - 551 î.Hr.), a fost profet, coordonator al religiei din Iranul arhaic şi zeu, sau, după unele izvoare, personaj istoric zeificat care a propovăduit o doctrină apropiată de vechiul dualism pers, devenită religie autonomă (zoroastrism) şi a instituit casta sacerdotală a magilor iniţiaţi.

n52   Attis era soţul lui Cybele în mitologia greacă. Preoţii lui erau eunuci. El era şi un zeu al vegetaţiei şi prin auto-mutilarea, moartea şi renaşterea sa, el reprezenta roadele pământului, care mor iarna, doar pentru a renaşte primăvara. Cultul lui a început în jurul anului 1250 î.Hr. Altă variantă: Attis era un pastor tânăr şi frumos de care s-a îndrăgostit zeiţa Cybele. După ce i-a promis să-i fie în veci credincios, Attis şi-a călcat jurământul, îndrăgostindu-se de o nimfă. Mâniată, zeiţa Cybele i-a luat minţile şi, într-un acces de nebunie, Attis s-a automutilat. El a fost metamorfozat de Cybele în pin.

n53   Neith este zeiţa creatoare a lumii conform textelor gravate în templul din Esna. Ea este mama zeului soare şi poartă pe cap coroana Egiptului de Jos.

n54   Ra este un zeu egiptean, reprezentând o personificare a soarelui, fiind cel mai puternic din toţi zeii. Era venerat la Heliopolis (Cetatea Soarelui). Reprezentarea obişnuită era a unui om cu un cap de şoim şi cu un disc solar deasupra capului. Călătorea prin lumea subterană în fiecare noapte în nava sa. Se spune că atunci când Ra sfârşea călătoria subterană soarele răsărea din nou pe cer, dar Seth, stăpân al deşertului, trimitea mereu un şarpe-demon, numit Apophis, să împiedice acest lucru.

n55   Herodot din Halikarnassos (astăzi, Bodrum, Turcia), 484 - 425 î.Hr., a fost un istoric grec, considerat părintele istoriei. Până la el evenimentele erau tratate în cronici sau epopei. Este cunoscut pentru scrierile sale despre conflictul greco-persan, precum şi pentru descrierile oamenilor şi locurilor vizitate.

n56   Apis, zeu în mitologia egipteană, asociat uneori cu Ptah sau cu Ra pentru celebrarea unui cult al fecundităţii. Apis era reprezentat ca un taur negru cu picioarele și cu burta albe, care avea un disc solar între coarne. Conform legendei, zeița Isis, transformată într-o vacă, a fost fecundată de o rază de soare și i-a dat naștere lui Apis.

n57   Tertulian, născut Quintus Septimius Florens (circa 150, Cartagina - după 220, Cartagina, d.Hr.) a fost un scriitor creștin timpuriu, primul scriitor patristic care a publicat în limba latină, motiv pentru care a fost numit „părintele creștinătății apusene" și „fondatorul teologiei vestice". Tertulian este primul autor care a folosit cuvântul Trinitas pentru a desemna Sfânta Treime. S-a născut într-o familie de păgâni și s-a convertit la creștinism în jurul vârstei de 30 de ani.

n58   Ioan Gură de Aur, cunoscut și ca Ioan Chrysostom (347, Antiohia – 407 d.Hr.), a fost arhiepiscop de Constantinopol, una din cele mai importante figuri ale patrologiei creștine, considerat sfânt deopotrivă în Biserica Răsăriteană și în Biserica Apuseană, care îl venerează cu titlul de doctor al Bisericii. A adoptat o poziție împotriva creștinilor iudaizați cu opt predici în acest sens, având astfel un rol în dezvoltarea antisemitismului creștin.

n59   Papa Leon I cunoscut ca Papa Leon cel Mare (440 - 461 d.Hr.). În anul 452, Papa Leon cel Mare a stăvilit invazia lui Attila în peninsula Italică, întâlnindu-se cu el la Mantova, unde l-a convins să elibereze robii și să facă drum întors. Papa Leon cel Mare s-a pronunțat în numeroase chestiuni teologice. S-au păstrat 69 de predici în care Papa Leon cel Mare a clarificat unele probleme dogmatice fundamentale. Papa Leon cel Mare a fost ridicat în rândul sfinților și este recunoscut în Occident și în Orient.

n60   Irod Antipa (21 - 39 d.Hr.), a fost fiul regelui Irod cel Mare și tetrarh al unei părți din fostul regat herodian (Galileea și Pereia) între anii 4 î.Hr. - 39 d.Hr.. A divorțat de prima sa soție, fiica lui Aretas al IV-lea, fapt ce a grăbit un conflict armat cu acesta, conflict pe care Irod avea să-l piardă. Apoi a luat în căsătorie pe cumnata sa Irodiada (soția fratelui vitreg Philippus, mama lui Salomeea), fapt neconform religiei mozaice, pentru care a fost aspru criticat public de către Ioan Botezătorul. L-a arestat și ucis prin decapitare pe Ioan Botezătorul în cetatea Machaerus din Pereia (fosta provincie Pereia se află astăzi în Iordania), pe malul estic al Mării Moarte. În timpul procesului lui Isus, Irod Antipa nu și-a asumat responsabilitatea judecării lui Iisus la Ierusalim (unde se găsea cu ocazia sărbătorii anuale evreiești Pessah), ci l-a retrimis înapoi procuratorului roman Pilat din Pont.

n61   Publius Sulpicius Quirinius (51 î.Hr. - 21 d.Hr.), a fost un aristocrat Roman. În anul 6 d.Hr., Quirinus a fost numit guvernatorul Siriei, căreia îi fusese adăugată provincia Iudeea, în scopul unui recensământ.

n62   Dionis era în mitologia greacă zeul vegetației, al pomiculturii, al vinului, al extazului și fertilității, denumit la romani și Bacchus, sau Liber.

n63   Dionis era fiul lui Zeus cu muritoarea Semele, fiica regelui teban Cadmus și a Harmoniei. Făcea parte din cea de-a doua generație de zei olimpieni. Semele a murit din cauza geloasei Hera, care a determinat-o să-i ceară lui Zeus să i se arate în ipostaza sa zeiască. Zeus i-a apărut într-adevăr, înconjurat de fulgere și tunete, și i-a cauzat astfel moartea. Zeus a reușit totuși să-și salveze copilul încă nenăscut și l-a cusut în propria lui coapsă. Astfel, Dionis este cunoscut drept „zeul care s-a născut de două ori".

n64   Bitinia, regiune istorică și regat elenistic în nord-vestul Asiei Mici, între Marea Neagră și Marea Marmara.

n65   Ionicii constituiau unul dintre cele patru triburi în care erau împărțiți grecii în antichitate, alături de Dorici, Aeolici și Ahei.

n66   Nimrod este, potrivit Cărților Genezei și a Cronicilor, fiul lui Cuș, un strănepot al lui Noe și rege în Shinar. Tradiții extra-biblice îl asociază pe Nimrod cu Turnul Babel și îl asociază cu conducătorul rebeliunii împotriva lui YHWH.

n67   Ioab a fost nepotul Regelui David si comandantul armatei sale, potrivit Bibliei.

n68   Hadad era un membru al casei regale din Edom, care s-a însurat cu sora nevestei Faraonului (Regina Tahpens) şi a scăpat de masacrul ordonat de Ioab, fugind în Egipt.

n69   Edom (Idumeea) desemnează o entitate etnică şi statală antică bazată pe o uniune de triburi de limbă semită care, din epoca de fier târzie, s-a aşezat în sudul Mării Moarte, în Negev, în sudul statului Israel de astăzi, cât şi în depresiunea Arava (sau Wadi Araba) şi la răsăritul ei, în sud-vestul actualei Iordanii, până la capătul de nord al Mării Roşii. Regiunea geografică populată de aceasta, dominată în est de Munţii Edom, s-a numit de asemenea Edom. Membrii acestei entităţi, edomiţii, sunt menţionaţi in Biblia ebraică, iar genealogia mitică biblică îi consideră urmaşii lui Esau, fratele mai mare al lui Iacob (Israel). (Geneza XXXVI, 9)

n70   Plotin, (205 - 270 d.Hr.), a fost filosof grec, considerat părintele neoplatonismului.

n71   Pan, zeu din mitologia greacă veche, era fiul lui Hermes şi al Dryopei, socotit drept protector al turmelor şi al păstorilor. Îşi avea reşedinţa în Arcadia şi era considerat inventatorul unui instrument de suflat numit syrinx (naiul modern). Pan era jumătate om şi jumătate animal, avea coarne, barbă şi copite de ţap, iar trupul îi era acoperit de păr. Trăia în desişul codrilor, în umbra cărora pândea nimfele şi adeseori îl întovărăşea pe zeul Dionis, din cortegiul căruia făcea parte. În mitologia romană, Pan era identificat cu Faunus şi cu Lupercus. Pan a inventat naiul: în pădure s-a apropiat de o nimfă, ea s-a transformat într-o trestie si din aceasta el a făcut naiul.

n72   În mitologia romană, Jupiter sau Iupiter deţinea acelaşi rol ca Zeus în panteonul grecesc. El era numit Jupiter Optimus Maximus (Jupiter Cel mai Înalt, Cel mai Mare), fiind zeitatea supremă a statului roman. Avea în grijă legile şi ordinea socială. Jupiter este o derivare a lui Jove şi pater (în latină, tată). Numele zeului a dat numele planetei Jupiter şi a fost punctul de plecare pentru numele zilei de joi a săptămânii.

n73	Persephone, numită în mitologia romană Proserpina, era fiica lui Zeus și a Demetrei. O dată, în timp ce culegea flori la marginea unui câmp împreună cu Artemis și Atena, pământul s-a deschis și a înghițit-o pe Proserpina. Îndurerată, zeița Demetra a cutreierat pământul în lung și-n lat în căutarea fiicei sale. În cele din urmă a aflat că Proserpina a fost răpită cu buna știre a lui Zeus, de către unchiul ei, Pluto care era îndrăgostit de ea și luat-o cu el în împărăția umbrelor. Pluto știa că Demetra se împotrivea ca fiica ei să-i devină soție. Deși Demetra îl convinge în cele din urmă pe Zeus să-i înapoieze fiica, Proserpina nu se mai poate întoarce pe pământ. Ea apucase să mănânce un sâmbure de rodie și se legase în felul acesta o dată pentru totdeauna de lăcașul umbrelor. Ulterior, ea devine soția lui Pluto și stăpâna Infernului. Proserpina primește încuviințarea de a petrece jumătate din an alături de Demetra, urmând ca cealaltă jumătate să o petreacă alături de soțul ei. Proserpina devine zeița prosperității și a primăverii.

n74	Elisei (*Dumnezeu este mântuire*) este un profet din Biblia ebraică și din Islam, unde are numele Al-Yasa. Este succesorul profetului Ilie.

n75	Nain (frumusețe), era un sătuc din Galileea, la trei mile S-V de Muntele Tabor. Astăzi se numeste Nein.

n76	Philo din Byblos (64 - 141 d.Hr.), născut în Libanul de astăzi. A fost autorul unor lucrări de istorie, gramatică, lexic, în limba greacă. Este cunoscut și ca Herennius Philon, în principal pentru istoria Feniciei, realizată pe baza scrierilor lui Sanchuniathon.

n77	Porphyry din Tir (acum, in Liban), (234 - 305 d.Hr.), a fost un filosof neoplatonic. El a editat și publicat Eneadele, singura colecție a lucrărilor profesorului său, Plotin. Lucrarea sa, *Filosofie de la Oracole si Împotriva Creștinilor*, a fost interzisă de Constantin cel Mare. A avut controverse cu mulți dintre primii creștini.

n78	Regele Meșa, a fost regele Moabului în secolul al IX-lea î.Hr. Este cunoscut pentru că a ridicat si inscripționat Stela din Meșa (Piatra Moabită), în Dibon. În inscripție s-a numit Meșa, fiul lui Kemos, Regele Moabului, Diabonitul.

n79	Ierihon este considerat cea mai veche așezare urbană din lume, precum și așezarea cu primele fortificații din lume, este de multe ori pomenit în Biblie cu numele de „orașul palmierilor". Este locuit din aproximativ 9000 î.Hr. Astăzi este un oraș din Palestina, pe partea de est a râului Iordan. Capitala regiunii Ierihon cu o populație de 20416 (2016). Se află în partea de nord a deșertului Iudeei, la 7 km de la râul Iordan, la 12 km nord-vest de Marea Moartă și la 30 km nord-est de Ierusalim.

n80	Ahaz, abreviat de la Ioahaz „YHWH a vindecat" a fost un rege al Iudeii, fiind fiul și succesorul lui Iotam. Mama sa se numea Ahio din Ido. Ahaz avea 20 de ani când a devenit rege al Iudeii și a domnit 16 ani. Ahaz a fost un împărat bun înaintea Domnului. Evanghelia lui Matei îl menționează pe Ahaz în Genealogia lui Isus.

n81	Manase a domnit în Iudeea între anii 687 - 642 î.Hr. (2 Împărați XXI, 1; 2 Cronici XXXIII, 1).

n82	Hamilcar Barca, "Fulgerul" (270 - 228 î.Hr.), a fost un general cartaginez, tatăl lui Hannibal și al lui Hasdrubal. Hamilcar a comandat forțele terestre cartagineze în ultima parte a primului Război Punic împotriva Romei și a negociat pacea din anul 241 î.Hr. Împreună cu rivalul său Hanno, Hamilcar a înfrânt răscoala mercenarilor cartaginezi. În 237 î.Hr., a adus sudul și estul Spaniei sub control cartaginez. Și-a pierdut viața într-o luptă cu tribul oretanilor în regiunea izvoarelor râului Baetis.

n83	Bătălia de la Agrigentum, Sicilia, 262 î.Hr., a fost prima bătălie din Primul Război Punic. Bătălia a fost purtata după un lung asediu. Romanii au învins și au preluat controlul Siciliei.

n84	Baʻal este denumirea unui zeu vest-semitic. Înseamnă în limba ebraică Domn, Maestru, Stăpân, Soț, Rege sau Zeu. Baʻal mai este utilizat pentru Zeul munților, al Fertilității și al Timpului (Vremii).

n85	Sacaea, festival antic Babilonian de anul nou, care includea echinocțiul de vară și dura cinci zile. Era asociat cu Anaitis, zeița Siriana a războiului, identificată cu Atena. În timpul festivalului, sclavii își conduceau stăpânii și un rege fals era ales din rândul criminalilor. După ce era sărbătorit și onorat timp de cinci zile, era executat, servind ca înlocuitor pentru adevăratul rege, care trebuia să moară în fiecare an nou, când se năștea un rege nou.

n86   Cronia era festivalul ținut în onoarea lui Cronos, în a douăsprezecea zi a Hekatombaion, prima lună a calendarului Attic, astăzi, sfârșitul lunii iulie si începutul lunii august.

n87   Cronos, fiul lui Uranus și al Gaiei, este cel mai tânăr dintre cei 12 Titani. Soția sa Rhea s-a numărat tot printre titani. Copiii lor au fost Demetra, Hestia, Hera, Hades, Poseidon și Zeus.

n88   Iosif, fiul lui Caiafa, a fost Mare preot al Sinedriului între anii 18 - 37 d.Hr.. A fost destituit de romani în anul 37 d.Hr., împreună cu procuratorul Pilat din Pont. Caiafa este menționat în Noul Testament în Evanghelia după Matei (XXVI, 57-67), în Evanghelia după Ioan (XVIII, 12-27)și în Evanghelia după Luca (III, 2).

n89   Philon din Alexandria, Filon Iudeul, (15/10 î.Hr. - 54 d.Hr.), a fost un filosof mistic evreu de limbă greacă din Egipt, unul dintre cei mai mari filozofi elenistici din rândul evreilor. A încercat să combine religia iudaică cu platonismul, pitagorismul și stoicismul. A recurs în acest scop la interpretări alegorice ale dogmelor religioase tradiționale în spiritul acestor concepții filozofice. Concepțiile sale au avut un rol important în formarea teologiei creștine.

n90   Irod Agrippa I a fost nepotul regelui Irod cel Mare și rege al Iudeii între anii 41 - 44 d.Hr.. A fost încoronat în anul 41 de către prietenul și protectorul său, împăratul Caligula (37 - 41), după decesul împăratului Tiberius. A obținut, rând pe rând, multe din teritoriile unchilor săi, Irod Antipa și Filip Tetrarhul. După uciderea lui Caligula în anul 41, Irod Agrippa I (care locuia permanent la Roma) a jurat loialitate noului împărat Claudius (41 - 54), obținând Palestina în limitele hotarelor din vremea lui Irod cel Mare. Irod Agrippa I este acel „Irod" din Noul Testament (Faptele Apostolilor) care în anul 44 i-ar fi condamnat la moarte pe apostolii Iacob cel Bătrân (fratele apostolului Ioan) și Petru (evadat din închisoare). Irod Agrippa I a murit în anul 44 în Caesarea Maritima (oraș situat astăzi între Tel Aviv și Haifa, Israel), în mod dramatic, în timpul unor lupte și întreceri sportive. A construit al doilea zid al cetății Ierusalimului, încorporând intravilan și ridicătura de pământ numită Golgota.

n91   Ctesias din Knidos, istoric și medic grec, din secolul al V-lea î.Hr.

n92   Inaros II, a fost un conducător Egiptean rebel. În anul 460 î.Hr., el a pornit o revolta împotriva Perșilor, cu ajutorul aliaților săi, din Atena și a învins armata Persană, condusă de satrapul Achemenes. Perșii s-au retras la Memfis. Atenienii au fost, până la urmă, învinși, în 454 î.Hr., de o armata Persană condusă de Megabyzus, după doi ani de luptă. Inaros a fost prins si dus la Susa, unde se spune ca a fost crucificat, în 453 î.Hr.

n93   Artaxerxes I a fost al șaselea rege din dinastia Ahemenizilor din 465 î.Hr. până în 424 î.Hr. A fost fiul lui Xerxes I al Persiei.

n94   Crucea de la Ruthwell, este o cruce anglo-saxonă din piatră, care datează, probabil, din secolul al VIII-lea, când satul Ruthwell, acum în Scoția, făcea parte din regatul anglo-saxon al Umbrie de Nord. Este cea mai faimoasă sculptură monumentală anglo-saxonă și, probabil, cel mai vechi text de poezie Engleză, care s-a păstrat. Din 1887 se găsește în biserica din Ruthwell, Dumfriesshire, Scoția.

n95   Cleomenes al III-lea a fost unul dintre cei doi regi ai Spartei, din 235, pana în 222 î.Hr. A fost fiul lui Leonidas al II-lea si a făcut încercări de a reforma statul Spartan.

n96   Strabon, în varianta latinizată Strabo, (63/60 î.Hr. - 21/26 d.Hr.), era de fapt o poreclă, însemnând Sașiul, purtată de un vestit istoric și geograf antic grec. A studiat în Asia Mică, Armenia, Grecia, Roma și Alexandria și a călătorit în Europa, Africa și Asia Mică, până la Marea Roșie. Primele schițe istorice, cuprinse în 47 cărți, scrise probabil între 27 î.Hr. și 7 d.Hr., citate de autori ce i-au urmat, s-au pierdut aproape în întregime. Apoi a scris Geografia, pe baza propriilor observații și a operelor predecesorilor săi, inclusiv Homer, Eratosthenes, Polybius și Poseidonius.

n97   Salamis, oraș-stat Grec antic, pe coasta de est a Ciprului, unde se varsă râul Pedios, la 6 km de Famagusta moderna. Potrivit tradiției, fondatorul său a fost Teucer, care nu se putea întoarce acasă, după războiul Troian, fiindcă nu reușise să-l răzbune pe Ajax, fratele sau.

n98   Basilideeni constituiau sectă gnostică, fondată de Basilide din Alexandria în secolul al II-lea. Basilide susținea că primise doctrina de la Glaucus, un discipol al Sfântului Petru.

n99   Simon din Cyrene a fost omul obligat de romani sa care crucea lui Isus, in timp ce Isus era dus la locul crucificării, potrivit tuturor evangheliilor sinoptice.

n100   Iosif din Arimateea este un personaj din Noul Testament. Conform textelor evangheliilor, Iosif era un membru al Sanhedrinului, convertit în taină la credința lui Cristos. Este citat prima dată după răstignire, când îi cere lui Pilat din Pont permisiunea de a coborî de pe cruce trupul lui Iisus. Considerat un sfânt creștin, ziua lui se sărbătorește pe 17 martie în Biserica Occidentală și pe 31 iulie în Biserica Orientală.

n101   Nicodim este unul dintre primii ucenici ai lui Iisus. Fariseu și membru al Sinedriului, Nicodim apare de trei ori în Evanghelia după Ioan: el ascultă învățătura lui Iisus (Ioan III, 1–21), a venit în apărarea lui Iisus când a fost acuzat de farisei în Sinedriu (Ioan VII, 45–51) și l-a ajutat pe Iosif din Arimateea la înmormântarea lui Iisus (Ioan XIX, 39-42).

n102   Hiacint este un erou divin din mitologia greacă. Cultul lui s-a dezvoltat in perioada Civilizației miceniene, prima epocă importantă a civilizației grecești, opera aheilor, începând din 1600 î.Hr.. Este identificat cu Apollo.

n103   Marduk (Copilul-Soare) este un zeu babilonian cu o ascensiune culturală rapidă și spectaculoasă, cunoscut în Biblie sub numele Bel-Merodakh. Începând cu epoca regelui Hammurabi (sec. al XVIII-lea î.Hr.), Marduk devine zeul suprem al panteonului babilonian.

n104   Zoroastrismul este o religie veche a popoarelor din Asia Centrală, Iran și Azerbaidjan, caracterizată prin dualismul binelui şi răului. A fost fondată la începutul mileniului al II-lea î.Hr., de profetul persan Zarathustra (Zoroastru). Cartea sfântă a zoroastrismului este Avesta. Zoroastrismul, sau mazdeismul este numele religiei şi filozofiei bazate pe învăţăturile lui Zoroastru (Zarathustra), care recunoşteau ca divinitate pe Ahura Mazda, considerat de Zoroastru unic creator.

  n105 Saoshyant, în cadrul Zoroastrismului, este cel care aduce reînnoirea şi mântuirea lumii, sau Frashokereti. Saoshyant înseamnă „cel care aduce beneficii", in limba avestică (limbă veche iraniană).

  n106 Cartea lui Enoch este una dintre cele mai vechi scrieri biblice, care a fost scoasă din Biblia canonică, fiind catalogată apocrifă de către teologi.

  n107 Psalmii lui Solomon, care fac parte textele pseudo epigrafe (texte antice cărora li se atribuie o falsă autoritate) reprezintă un grup de 18 psalmi (cântece sau poeme religioase) care nu fac parte din canonul Biblic (listă de cărţi considerate a fi adevărata Scriptură autoritară). Erau menţionaţi în scrierile creştine timpurii, au fost pierduţi şi redescoperiţi, în secolul al XVII-lea, într-un manuscris în limba Greaca.

  n108 Haşmoneii, dinastie evreiască care a reînfiinţat şi condus Regatul Iudeei, extins cu timpul pe o mare parte din teritoriul Ţării Israelului în timpul perioadei clasice a antichităţii. Între 140 şi 116 î.Hr., dinastia a condus semi-autonom regiunea Iudeea sub seleucizi. Din 110 î.Hr., odată cu dezintegrarea imperiului seleucid, dinastia a devenit independentă, extinzându-şi dominaţia în regiunile învecinate ale Ţării Israelului sau Palestinei (Galileea, Iturea, Perea, Idumea şi Samaria), conducătorii luând titlul de rege al Iudeei „meleh Yehuda" în ebraică, "basileos" în limba greacă.

  n109 Macabeii au fost o familie de evrei patrioţi din secolele II - I î.Hr. Aceştia au luptat pentru eliberarea Iudeei de sub dominaţia eleno-siriană seleucidă. În cinstea acestor evenimente Casa Judecăţii din Ierusalim, numită şi Sanhedrin, a ordinat pe lângă Purim, Festivalul Luminilor care poartă numele Hanuka şi Festivalul Eliberării care poartă numele ebraic, Ieşua. Macabeii au stabilit o nouă dinastie regală și sacerdotală evreiască, cea a Hasmoneilor și au reușit să fondeze un nou regat independent al evreilor (sau iudeilor) pe teritoriul Palestinei istorice (Țara Israel) extinzând granițele Pământului lui Israel. Aceste granițe au dăinuit până în anii cuceririi romane și au redus influența culturii elenistice și a iudaismului elenistic.

n110   Antiohia pe Orontes este un oraș din Siria antică, azi Antakya oraș situat în Turcia. Era un oraș renumit în lumea antică, istoria lui fiind legată de dinastia regală Seleucidă, care s-a format după moartea lui Alexandru cel Mare.

n111   Sf. Ieronim. Născut în jurul anului 340, într-o familie de creștini, nu a fost botezat până în anul 360, când a călătorit la Roma. Prăznuirea lui se face pe data de 15 iunie.

n112   Crezul (în latină Apostolicum) este socotit drept credința apostolilor. Apostolicum este formă originala crezului (simbolului) roman vechi, așa numitul Romanum. Simbolul apostolic stă la baza simbolului niceno-constantinopolitan.

n113   Simbolul atanasian sau crezul sfântului Atanasie e una din cele trei mărturisiri de credință creștine. Conform tradiției ar fi fost compus de Sfântul Atanasie din Alexandria. Literatura de dată mai nouă a stabilit că textul original este cel latin, așa încât textul a fost atribuit, pe rând, scriitorilor bisericești Ilarie de Poitiers (367), Ambrozie de Milano (397), Niceta de Remesiana (414), etc..

n114   Crezul Nicenian este larg folosit în liturghia creștină. Poartă numele orașului unde a fost ținut Primul conciliu de la Niceea (astăzi, orașul Iznik, din Turcia), în cadrul căruia a fost adoptat (anul 325). În anul 381 a fost modificat în cadrul Primului conciliu de la Constantinopol.

n115   Baldur (scris și Balder sau Baldr) este în mitologia nordică zeul luminii, al bucuriei, al purității, al frumuseții și al inocenței. Iubit atât de zei cât și de oameni, a fost considerat cel mai bun din panteonul germano-scandinav. Cu toate că avea o putere mică, era inteligent, prietenos și elocvent. Fiu, al lui Odin și al lui Frigg, Baldur a avut-o ca soție pe Nanna, fiica lui Nep, cu care a avut un fiu, pe Forseti, zeul justiției. Datorită măreției și frumuseții lui, toate forțele naturii au hotărât să nu îl rănească, în afară de vâsc. Diabolicul zeu Loki s-a folosit de această slăbiciune. Manipulându-l pe fratele zeului, Hod, care era orb, el l-a omorât pe Baldur.

n116   Calendarul copt sau Calendarul alexandrian este un calendar folosit de către biserica ortodoxă coptă din Alexandria care se bazează pe calendarul egiptean, egiptenii fiind primii care au calculat trecerea timpului. Vechiul calendar egiptean avea anul de 365 zile și era împărțit în 12 luni a câte 30 de zile fiecare, plus cinci zile suplimentare (epagomenae) la sfârșitul anului.

n117   Demetra era în mitologia greacă zeița agriculturii. Era fiica lui Cronos și a Rheei. Face parte din cei doisprezece zei olimpieni. Cu Zeus, Demetra a avut o fiică, pe Persefona. În mitologia romană Demetra purta numele de Ceres, o veche divinitate cu care a fost asimilată.

n118   Misterele din Eleusis au fost sărbători bianuale ținute în Grecia antică în templul din Eleusis, dedicate zeiței Demetra și fiicei ei Proserpina din recunoștință pentru darul agriculturii. Conform legendei, eleusinii erau protejați de Demetra fiindcă se arătaseră primitori față de ea când luase înfățișarea unei bătrâne sărmane, atunci când o căuta pe fiica ei Proserpina.

n119   Epifanie de Salamina este un scriitor și prelat creștin bizantin din secolul al IV-lea, episcop de Salamina, în Cipru, la origine evreu palestinian convertit.

n120   Nestorie, sau Nestorius, (circa 386 — 451), a fost un patriarh al Constantinopolului (428 - 431), care a dezvoltat doctrina ce-i poartă numele, nestorianismul, considerată drept eretică de către tabăra proto-ortodoxă. A fost condamnat de cel de-al III-lea Sinod ecumenic de la Efes, din anul 431.

n121   Chiril din Alexandria, (circa 375, Alexandria - 27.06.444, Alexandria, d.Hr.), a fost patriarh al Alexandriei între 412 - 444, când orașul era la apogeul influenței sale în Imperiul Roman. Este considerat Părinte al Bisericii și Învățător al Bisericii, dar împăratul roman Theodosius al II-lea l-a condamnat pentru că se purta ca un faraon îngâmfat. Episcopii Nestorieni în Primul Conciliu de la Ephes l-au declarat eretic, numindu-l un monstru, născut și educat pentru distrugerea bisericii.

n122   Efes este un oraș antic (azi în ruină), situat pe coasta de vest a Asiei Mici, la sud de Izmir. A fost întemeiat în secolul al XI-lea î.Hr., de coloniști ionieni (greci) și a devenit în cursul timpului unul din cele mai dezvoltate centre religioase și comerciale. S-a aflat, rând pe rând, sub diferite ocupații străine. Templul zeiței Artemis din Efes, construit în secolul al VI-lea î.Hr., una din cele 7 minuni ale lumii antice, a fost incendiat în anul 356 î.Hr. de un cetățean din Efes cu numele de Herostrat, din dorința de a deveni celebru. Orașul a fost ocupat de romani în anul 133 d.Hr., devenind capitala provinciei romane Asia. A suferit pierderi însemnate la cutremurele de pământ din anii 358 și 365 d.Hr.. În secolul al VII-lea d.Hr., Efesul a decăzut. În Efes a activat o anumită perioadă apostolul Pavel și probabil și Ioan Evanghelistul. Conform tradiției creștine, în imediata apropiere a orașului ar fi fost îngropată Fecioara Maria (în capela Panaghia Kapoulou), iar în interiorul orașului, Luca Evanghelistul. La Efes au avut loc 3 concilii (sinoade) bisericești: în 190 d.Hr. (conciliu convocat de Policrat pentru a fixa data sărbătoririi Paștelui), în 431 d.Hr. (sub împăratul Teodosiu al II-lea, în cadrul căruia a fost condamnat nestorianismul si a fost stabilită dogma întrupării lui Iisus Cristos) și în 449 d.Hr. (în cadrul căruia a fost susținut monofizitismul).

n123   Melito din Sardis, (decedat în anul 180, aproximativ) a fost Episcop de Sardis, lângă Smirna, în vestul Anatoliei. A fost o autoritate a creștinismului timpuriu si mulți îl considerau profet.

n124   Catedrala din Aix, se află în Aix-en-Provence, sudul Franței. Este o catedrală romano-catolică, sediul arhiepiscopului de Aix. A fost construită pe locul forumului Roman din Aix, din secolul I d.Hr.. A fost construită între secolele XI si XIII și include elemente de stil romanic, gotic, neo-gotic, coloane romane și părți ale baptisteriului unei biserici creștine, din secolul al VI-lea. Este monument național al Franței.

n125   Astarte, zeiță supremă în mitologia feniciană, la obârșie zeiță a procreației și fecundității, ajunge să domine cerul și pământul. În Egipt (între dinastia a XVIII-a și epoca Ptolemaică) era venerată ca zeiță a dragostei și războiului. Fenicienii o considerau soția lui Baal.

n126   Paphos este un oraș situat în partea de vest a Ciprului. La recensământul din 2001 avea 31.738 locuitori. Situl arheologic Paphos este înscris pe lista patrimoniului cultural mondial UNESCO.

n127   Mitra este zeul luminii din mitologia persană. Numele său înseamnă „Soarele nebiruit" și conform religiei zoroastriene este conducătorul grupului de zei Yazatas. Considerat uneori ca fiu al lui Ahura Mazda, el luptă contra forțelor răului conduse de Angra Maynu.

n128   Cilicia a fost o provincie Romana timpurie, localizată în partea de sud a Turciei de astăzi, la Mediterana. A fost anexata în 64 î.Hr., de Pompei, in urma victoriei in cel de-al III-lea Război Mitridatic. A rămas sub conducere Romană si apoi Bizantină timp de mai multe secole, iar apoi a fost cucerita de Arabi.

n129   Plinius sau Pliniu cel Tânăr, (61 sau 63, Como, Italia - circa 115), a fost un consul roman. A fost nepotul matern al lui Plinius cel Bătrân. A fost consul în anul 100 și proconsul în Pont și Bitinia în anii 112 și 113, a fost de asemenea prieten cu Tacit și apropiat al împăratului Traian.

n130   Serapis sau Sarapis este un zeu egiptean al cărui cult a fost creat la Memfis și a înflorit în Alexandria în timpul dinastiei Ptolemeilor. Venerarea lui s-a răspândit ulterior în întregul spațiu cultural elen. În mitologia egipteană Serapis este o figură artificială, elaborată prin sincretism, îmbinând trăsături ale lui Osiris și ale lui Apis.

n131   Aristide Atenianul, a fost un scriitor grec creștin din secolul al II-lea, autor al Apologiei lui Aristide. Este sărbătorit pe 31 august, de romano-catolici și pe 13 septembrie, de Ortodoxi.

n132   Larissa sau Larisa este, în prezent, capitala periferiei Tesalia a Greciei și capitala prefecturii Larissa. Este principalul centru agricultura și de transport, legat feroviar de portul Volos, de Salonic și de Atena.

n133   Papa Pelagius I a fost papă al Romei din 16.04.556 până în 4.03.561.

n134   Paschasius Radbertus (785 - 865 d.Hr.) a fost canonizat de Papa Grigorie al VII-lea, în anul 1073. Cea mai cunoscută și influentă opera a sa este o lucrare despre natura Euharistiei, scrisă în jurul anului 831, intitulată *„De Corpore et Sanguine Domini"*. Este sărbătorit pe 26 aprilie.

n135   Hincmar din Reims (806 - 21.12.882 d.Hr.), a fost un filosof și teolog Francez, Arhiepiscop de Reims.

n136   Papa Paul al IV-lea. În 1559, la inițiativa Inchiziției, sub pontificatul lui Paul al IV-lea, s-a publicat cea mai cunoscută listă de cărți și autori, denumită *Index librorum prohibitorum* (Index de cărți interzise) sau *Index expurgatorius*. Cărțile aflate în Index nu puteau fi citite de către supușii Sfântului Scaun. Indexul (lista neagră) a fost înnoit periodic și a fost publicat cu regularitate până în anul 1948. Abia în anul 1966 s-a emis o decizie care a suspendat apariția Indexului.

n137   Conciliul Tridentin sau Conciliul de la Trento, cunoscut și sub numele latin Concilium Tridentinum, a fost cel de-al XIX-lea sinod ecumenic (recunoscut doar de Biserica catolică), ținut între anii 1545 și 1563, pentru clarificarea problemelor apărute odată cu Reforma protestantă. Decizii adoptate: înființarea seminariilor teologice, ca locuri pentru formarea viitorilor preoți. Plasarea altarului la loc vizibil în biserici (în evul mediu spațiul clericilor era delimitat de cel al mirenilor printr-un perete sau grilaj despărțitor). Păstrarea cuminecăturii în tabernacolul plasat pe masa altarului, spre deosebire de obiceiul medieval care prevedea ca ostiile consacrate să fie păstrate în nișe locuri special construite în biserici. Introducerea confesionalelor. Introducerea băncilor în biserici. Stabilirea canonului Bibliei pentru Biserica catolică. În decretele asupra căsătoriei (sesiunea a XXIV-a din anul 1563): căsătoria era valabilă dacă era oficiată de preot în fața a doi martori. Prevederea că nu mai era nevoie de consimțământ din partea părinților a încheiat o dispută care începuse în secolul al XII-lea. În cazul unui divorţ, partea nevinovată nu avea drept de recăsătorire cât timp trăia cealaltă parte la căsătorie, chiar dacă acea persoană comisese adulter.

n138   În multe Biserici Creştine, o parte din pâinea şi vinul sfinţit, este păstrată, după împărtăşanie. Rezerva de împărtăşanie este de obicei păstrată într-un tabernacol, situat deasupra marelui altar.

n139   Alexander Cruden (31.05.1699 - 1.11.1770), a fost un scriitor din Scoţia, care scria despre concordanta cu Biblia şi un corector auto-proclamat al stării morale a naţiunii.

n140   Lucius Claudius Cassius, (155 sau 163/164 - după 229 d.Hr.), cunoscut şi ca Dio Cassius, Cassius Dio, a fost un cunoscut istoric din Imperiul Roman. A publicat o istorie a Romei (Romaika) în limba greacă, în 80 de volume, începând cu venirea lui Enea în Italia, fondarea oraşului şi ajungând până în anul 229, acoperind astfel o perioadă de 983 ani. Din cele 80 de cărţi, scrise de-a lungul a peste 22 de ani, majoritatea au ajuns până la noi sub formă întreagă sau fragmentară. Este greu de precizat în ce măsură interpolările au schimbat textul original şi sunt încă multe dispute pe această temă. În cărţile 67 şi 68, acesta descrie războaiele purtate între daci şi romani. Păstrarea unui număr atât de mare din scrierile lui Dio Cassius, deşi nu a fost un scriitor însemnat pentru partea occidentală a Imperiului Roman (şi, apoi, a Europei Apusene până prin secolul al XVIII-lea) s-a datorat faptului că a devenit ceea ce se numea „scriitor canonic" în Imperiul Roman de Răsărit (bizantin).

n141   Gaius Iulius Cezar, (13.07, circa 100 - 15.03.44 î.Hr.), a fost un lider politic şi militar roman şi una dintre cele mai influente şi mai controversate personalităţi din istorie. Rolul său a fost esenţial în instaurarea dictaturii la Roma, lichidarea democraţiei Republicii şi instaurarea Imperiului Roman. A provocat războaie de cucerire fără acceptul senatului roman. Cucerirea Galiei, plănuită de Cezar, a inclus sub dominaţia romană teritorii până la Oceanul Atlantic. În anul 55 î.Hr. Cezar a lansat prima invazie romană în Marea Britanie. Cezar a ieşit învingător într-un război civil, devenind dictator al lumii romane, a iniţiat o vastă acţiune de reformare a societăţii romane şi a guvernării acesteia. S-a proclamat dictator pe viață și a centralizat puternic guvernarea statului slăbit din cauza războiului civil pe care tot el îl pornise. Prietenul lui Cezar, Marcus Brutus, complotează pentru a îl asasina, în speranța de a salva republica. Dramatica asasinare din *Idele lui martie* a fost catalizatorul unui al doilea război civil, între cezari (Octavian, Marc Antoniu, Lepidus) și republicani (între alții, Brutus, Cassius și Cicero). Conflictul s-a încheiat cu victoria cezarilor în Bătălia de la Philippi și stabilirea formală a unui al Doilea Triumvirat, în care Octavian, Antoniu și Lepidus au preluat împreună controlul asupra Romei. Tensiunile iscate între Octavian și Antoniu au condus la un nou război civil, culminând cu înfrângerea lui Antoniu în bătălia de la Actium. Octavian a ajuns liderul absolut al lumii romane. Perioada de războaie civile a transformat Republica Romană în Imperiul Roman, iar nepotul de bunic, în același timp și fiu adoptiv al lui Cezar, Octavian, cunoscut mai târziu ca Cezar Augustus, s-a instalat ca primul împărat. Campaniile militare ale lui Cezar sunt cunoscute în detaliu prin prisma propriilor sale consemnări: Commentarii de Bello Gallico. Multe detalii ale vieții sale au fost relatate mai târziu de istorici, precum Suetonius, Plutarh și Cassius Dio.

n142   Martin Luther, (10.11.1483 - 18.02.1546), pastor și doctor în teologie, a fost primul reformator protestant ale cărui reforme au dus la nașterea Bisericii Evanghelice-Luterane. Primele idei ale Reformei protestante au fost enunțate de Martin Luther în 1517, în calitatea sa de preot catolic și profesor de exegeză la Universitatea din Wittenberg. Excomunicarea sa din Biserica catolică a survenit în anul 1521.

n143   Anselm de Canterbury sau de Aosta, (1033 - 21.04.1109), cel mai însemnat arhiepiscop de Canterbury, teolog și filosof neoplatonist, ieromonah și sfânt în Biserica anglicană și Biserica catolică. În filosofie este întemeietorul argumentului ontologic, iar în teologie este întemeietorul soteriologiei.

n144   Pierre Abélard (sau Abailard, 1079 - 21.04.1142), a fost filosof, logician, teolog francez. A studiat cu nominalistul Roscelin iar la Paris a fost elevul realistului Guillaume de Champeaux. Printre controversele purtate de Abélard se numără și aceea cu Fulbert, a cărui nepoată Héloïse a fost eleva, iubita și soția secretă a lui Abélard. A fost condamnat pentru erezie, dar Papa i-a ridicat pedeapsa. Din anul 1118 s-a retras la mănăstire.

n145   Armata Salvării este o denominațiune creștină și una din cele mai mari organizații de caritate din lume, cu o structura cvasi-militară. La nivel mondial organizația numără mai bine de 1,7 milioane de membri, constând in soldați și ofițeri. Aderenții poartă numele de salvaționiști. William Booth și soția sa, Catherine, în 1865 Londra, Anglia au început „misiunea" printr-un mesaj simplu „aducând salvarea celor pierduți" și îngrijind de „nevoile materiale și spirituale". Activează în 127 de țări prin centre de reabilitare, clinici, spitale, cantine sociale, magazine de caritare, adăposturi pentru oamenii străzii, dispune de o puternică capacitate de intervenție in cazuri de necesitate (inundații, calamitați, catastrofe).

n146   Taurobolium reprezenta, în cadrul Imperiului Roman, între secolul al II-lea și secolul al IV-lea, o ceremonie care implica sacrificarea unui taur. Din a doua jumătate a secolului al II-lea, ceremonia a fost legată de venerarea Marii Mame a Zeilor, Cibele.

n147   Proteu este o divinitatea greacă a mării menționată de Homer în Odiseea ca „bătrânul mării" și paznicul turmelor de foci ale lui Poseidon. Proteu avea capacitatea de a prezice viitorul și de a se metamorfoza, putându-se transforma în leu, dragon, panteră, râu, copac, foc, apă, etc..

n148   Hermopolis se afla lângă orașul El Ashmunein, în actualul Egipt.

n149   Lucius Caecilius Firmianus Lactantius, (circa 250 - circa 325 d.Hr.), a fost un autor creștin timpuriu, consilier al lui Constantin I, a condus politica religioasa si a fost educatorul fiului sau.

n150   Arianismul este o învățătură creștină din secolul al IV-lea formulată de Arius, prezbiter în Alexandria, declarată erezie de o parte a participanților la Primul conciliu de la Niceea din anul 325. Arianismul susținea că Isus Cristos are caracter divin (este și El

Dumnezeu), dar ar fi o ființă creată de Dumnezeu Tatăl în trecutul etern (Fiul fiind conform lui Arius născut, nu făcut).

n151   Biserica unitariană (din latină „unus", unul singur) a apărut în contextul reformei protestante ca o critică la dogma trinitară (credința în Sfânta Treime). De aceea adepții acestei religii sunt cunoscuți și ca antitrinitarieni.

n152   Triada din Teba, compusă din trei zei egipteni, populari în zona orașului Teba, din Egiptul Antic (situat la 800 km sud de malul Mediteranei, pe malul stâng al Nilului). Aceștia erau: Amun, consoarta sa, Mut și fiul lor, Khonsu. Erau venerați în principal în cadrul complexului de temple din Karnak, construit de Amenhotep I.

n153   Khnum (Khnemu), divinitate primordială din mitologia egipteană. Traducerea numelui său este „a crea". Khnum stăpân al apelor reci, este considerat creatorul tuturor lucrurilor care au fost, sunt și vor fi. A creat toți zeii și a făurit omul pe o roată de olărit și este considerat primul care a domesticit berbecul . El era venerat în special în insula Elephantine, la Aswan, încă din timpurile străvechi. Imaginea sa este în strânsă legătură cu revărsarea anuală a Nilului și cu pământul fertil, care simbolizează renașterea. Este reprezentat ca un om cu cap de berbec. La Esna este considerat creatorul universului. Lui i se aduceau ofrande pe timpuri de foamete datorate inundațiilor prea mici ale Nilului.

n154   În mitologia egipteană, Anuket (sau Anqet, și în limba greacă, Anukis) inițial a fost personificarea și zeița râului Nil, în zone precum Elephantine și în regiunile din apropierea Nubiei. Templul ei a fost ridicat pe Insula Seheil, construită de un faraon al dinastiei al XIII-lea, Sobekhotep al III-lea. Și faraonul Amenhotep al II-lea a dedicat zeiței o capelă. Anuket compunea o triadă cu zeul Khnum și cu zeița Satis. Se crede că Anuket ar putea fi fiica lui Khnum și Satis. Era descrisă ca o femeie cu o diademă din pene, având ca animal sacru gazela. În timpul Noului Regat, la Elephantine, în perioada inundațiilor Nilului, se țineau ceremonii în numele zeiței.

n155   Trimurti este trinitatea hindusă, un concept religios în Hinduism în care funcțiile cosmice ale creației, menținerii și distrugerii sunt personificate în trei divinități, Brahma „creatorul", Vishnu „păstrătorul", și Shiva „cel care distruge și transformă". Aceste trei divinități au fost numite triada Hindusă sau Marea Trinitate, adesea identificată prin formula „Brahma-Vishnu-Maheshwara". Trimurti este adesea reprezentată prin trei capete ce au același gât sau prin trei fețe ale aceluiași cap, fiecare privind într-o direcție diferită.

n156   Akhenaton (alternativ Akhenaten, inițial Amenhotep al IV-lea) a fost un faraon din Dinastia a XVIII-a (1379 - 1362 î.Hr.). El a înlocuit religia politeistă a Egiptului cu un sistem monoteist, ridicându-l pe zeul discului solar Aton la rangul de zeu unic al Egiptului. În cadrul reformei sale, a construit un oraș nou unde a mutat capitala regatului. După moartea sa, succesorul său Tutankhamon a restaurat vechiul cult politeist, iar memoria faraonului rebel a fost eliminată sistematic.

n157   Arius, sau Arie, 256 - 336, a fost un preot creștin din Alexandria, Egipt de origini libiene. După el a fost denumit arianismul.

n158   Sfântul Atanasie cel Mare (circa 295 - 2.05.373, Alexandria, d.Hr.), a fost un episcop creștin din secolul al IV-lea cu un rol de seamă în combaterea arianismului. Este venerat ca sfânt în Biserica romano-catolică, în Biserica ortodoxă și în Biserica coptă.

n159   Întâia epistolă catolică a lui Petru (sau Întâia Epistolă Sobornicească a Sfântului Apostol Petru) este o carte a Noului Testament. Mulți cercetători critici ai Bibliei consideră că a fost scrisă sub nume fals. Majoritatea bibliștilor resping ideea că Petru ar fi scris ceva din Biblie.

n160   Theodor Mommsen, (30.11.1817 - 1.11.1903), a fost un istoric și jurist german, laureat al Premiului Nobel pentru Literatură în 1902. Motivația Juriului Nobel: "Cel mai mare maestru în viață al timpului nostru în arta redării istoriei, luând în considerație mai cu seamă monumentala sa Istorie a Romei".

n161   Pontul este o regiune de pe coasta de sud a Mării Negre situată în Turcia de astăzi. Pontul a fost astfel denumit în urma explorării și colonizării orașelor din Anatolia și regiunea Mării Negre de către grecii ionieni spre sfârșitul Epocii întunecate grecești. În această zonă a fost întemeiat în secolul al IV-lea î.Hr. un regat independent cu capitala la Amasia. În 66 î.Hr., generalul roman Pompeius Magnus l-a înfrânt pe Mitridate al VI-lea, cel mare, unul dintre cei mai importanți conducători ai regatului. În anul 63 î.Hr. este anexat Imperiului Roman.

n162   Galatia antică, regiune din Asia Mică situată pe platoul Anatoliei pe teritoriul actual al Turciei. Numele provine de la triburile celtice venite din Galia în jurul anului 300 î.Hr.

n163   Cappadocia (Capadochia) este o regiune istorică din Turcia (Anatolia Centrală).

n164   Bitinia este o regiune istorică și un regat elenistic în nord-vestul Asiei Mici, între Marea Neagră și Marea Marmara. Bitinia este mărginită la nord de Marea Neagră, la est de Pamfilia și Galatia, la sud de Frigia iar la est de Misia și Marea Marmara.

n165   Mary Baker Eddy, (16.07.1821 - 3.12.1910), a fost fondatoarea Științei Creștine, o nouă mișcare religioasă din Statele Unite, din cea de-a doua jumătate a secolului al XIX-lea.

n166   Gaius Messius Quintus Traianus Decius, (circa 201 - iunie 251 d.Hr.), a fost împărat roman în perioada 249 - 251.

n167   Gaius Aurelius Valerius Diocletianus, (244 - 311 d.Hr.), cunoscut drept Diocleţian, a fost împărat roman de la 20.11.284 până la 1.05.305.

n168   Galerius Maximianus, sau Gaius Galerius Valerius Maximianus, (circa 250 – 5.05.311), a fost împărat roman în perioada 305-311.

n169   Flavius Theodosius, (11.01.347 - 17.01.395 d.Hr.), cunoscut ca Teodosiu I sau Teodosiu cel Mare, a fost împărat roman în perioada 379 -395.

n170   Castor și Polux sunt în mitologia greacă doi frați gemeni, supranumiți și Dioscuri. În mitologia greacă simbolizau dragostea frățească ideală. Născuți prin Zeus, din cele două ouă ale lebedei Leda, și având două surori (Elena din Troia și Clitemnestra, soția lui Agamemnon), Dioscurii dispuneau alternativ de nemurire, de aceea au putut fi uciși de verii lor, gemenii Idas și Lynkeus. Adoptați inițial în Sparta ca zei ai luminii, sunt invocați mai târziu de marinarii greci, pe vreme de furtună, ca protectori ai navigației. În această ipostază sunt închipuiți zburând călare pe armăsari albi. Adoptați ulterior și de romani, aveau un templu consacrat în Forumul Roman.

n171   Sfântul Dionisie (în franceză Saint Denis) a fost, conform tradiției, primul episcop de Paris. Este considerat unul din cei 14 sfinți ajutători, reprezentat ca ținându-și în mână propriul cap, cu referire la martiriul său în secolul al III-lea. Bazilica Saint Denis din nordul Parisului este necropola regală a Franței. Sfântul Dionisie este sărbătorit în calendarul romano-catolic și anglican pe 9 octombrie.

n172   Dole este un oraș în Franța, sub-prefectură a departamentului Jura, în regiunea Franche-Comté.

n173   Dia, în limba greacă, "cerească", "divină", sau „cea care îi aparține lui Zeus". Victoria, era în vechea religie Romană, zeița personificată a victoriei. Este echivalentul roman al zeiței Nike a grecilor.

n174   Alpes-de-Haute-Provence este un departament din sudul Franței, situat în regiunea Provence-Alpi-Coasta de Azur. Este unul dintre departamentele Franței create în urma Revoluției din 1790. În 1793 o porțiune din teritoriul său a fost mutată în nou formatul departament Vaucluse. Este numit după Munții Alpi și după regiunea Provence din sudul Franței. De-a lungul timpului departamentul s-a numit Haute-Provence și Basses-Alpes, iar denumirea actuală datează din 1970.

n175   În Europa și America Latină este considerată a șaptea zi a săptămânii, în timp ce în Statele Unite, Brazilia, Biserica ortodoxă română și în Biserica catolică este considerată prima zi a săptămânii. Cuvântul provine din latinul Dies Dominus, "Ziua Domnului". În lumea romană, înainte de creștinism, ziua de sărbătoare era Dies Solis, "Ziua Soarelui" în cinstea divinității numite Sol Invictus. Această denumire se păstrează în țările anglofone (Sunday) și în nordul Europei (Sonntag).

n176   Sf. Ioan Gură de Aur s-a născut la Antiohia, în jurul anului 354, din părinții Secundus, mare dregător militar care a murit la scurt timp după nașterea sa și Antusa, descendentă dintr-o bogată familie creștină. Rămasă văduvă la numai 20 ani, ea s-a dedicat educației fiului ei, renunțând la recăsătorire. Primele elemente ale educației creștine le-a primit de la mama sa Antusa. S-a călugărit în anul 368. A trăit într-o peșteră lângă Antiohia. A fost botezat târziu, probabil în jurul anului 372, de Meletie, episcop de Antiohia. În 374, după moartea mamei sale, Ioan a putut să dea curs dorinței sale arzătoare pentru asceză. S-a retras în munții Antiohiei, unde a dus timp de patru ani o viață severă sub conducerea unui ascet, iar după aceea, s-a retras doi ani într-o peșteră. În 380 s-a înapoiat la Antiohia, iar în 381, Meletie l-a făcut diacon. A fost preoțit de episcopul Flavian în 386 și a primit misiunea de predicator. În timpul celor 12 ani de preoție la Antiohia, Sf. Ioan i-a combătut pe eretici, îndeosebi pe anomei și pe iudeo-creștini și s-a străduit pentru formarea morală a credincioșilor săi. La moartea patriarhului Nectarie al Constantinopolului, în 397, Sf. Ioan a fost numit patriarh al Capitalei prin influența lui Eutropiu, ministru atotputernic pe lângă slabul împărat Arcadie.

n177	Origene, (circa 185 - circa 254), a fost un învățat și teolog creștin și considerat ca fiind unul dintre cei mai reputați Sfinți Părinți ai Bisericii. Se crede că s-a născut în Alexandria, Egipt și că a decedat în Tyr, Fenicia.

n178	Socrates din Constantinopol, (circa 380 - după 439 d.Hr.), Socrates Scholasticus, a fost un istoric al bisericii din secolul al V-lea.

n179	Beda Venerabilul, (672 - 25.05.735 d.Hr.), a fost un călugăr benedictin în mănăstirea Sf. Petru și Sf. Pavel în Wearmouth, în Anglia, și la Jarrow, Northumberland. Este venerat ca sfânt. Cărturar cu vederi multilaterale, a fost unul dintre cei mai învățați oameni din Europa acelei epoci. Are contribuții și în domeniul științei. Îi aparține o descriere completă a numărătorii pe degete, a scris despre calculul timpului, despre rezolvarea problemelor. A studiat legăturile dintre maree și mișcările Lunii, vânturi, solstiții, echinocții.

n180	Sf. Papă Grigore I, cunoscut ca Grigore cel Mare și ca Grigore Dialogul (circa 540 - 604 d.Hr.), papă al Romei din 590 până la moartea sa, pe 12 martie 604. Este doctor al Bisericii și unul dintre cei șase părinți apuseni ai Bisericii, alături de Ambrozie, Augustin de

Hipona, Ieronim, Tertulian și Ciprian de Cartagina. A fost și primul călugăr care a devenit papă. Este recunoscut ca sfânt imediat după moartea sa, atât în Biserica romano-catolică cât și în Biserica ortodoxă. Jean Calvin îl admiră pe papa Grigore și îl citează în lucrarea sa Învățătura religiei creștine. Este patronul muzicienilor, cântăreților, studenților și al învățătorilor. Considerat unul din cei mai însemnați papi din istorie.

n181   Sf. Iustin a trăit între anii 100 – 160 d.Hr.. Născut din părinți păgâni, probabil de origine latină, el s-a convertit la creștinism înainte de anul 132 și a fost martirizat la Roma. A scris două apologii, de fapt scrisori de pledoarie, prima fiind adresată împăratului Antonius Pius și fiilor săi (Marc Aureliu și Lucius Verus) iar a doua dedicată lui Marc Aureliu, în care solicita toleranță față de creștini, într-o perioadă în care aceștia din urmă, refuzând ritualul religios roman, erau acuzați de lipsă de fidelitate față de Imperiu.

n182   Papa Clement I, cunoscut sub numele de Clement din Roma, sau Clement Romanul, a fost unul dintre Părinții Apostolici, al patrulea Papă și episcopul Romei, din anul 88 până în 97 d.Hr..

n183   Troada este numele antic al unei regiuni din nord-vestul Anatoliei, mărginită de Hellespont la nord-vest, de Marea Egee la vest, și separată de restul Anatoliei de masivul care formează Muntele Ida.

n184   Manuscrisul Didahia a fost scris la sfârșitul secolului I și la începutul secolului al II-lea. Numele Didahia a fost revizuit de-a lungul timpului în variate forme din variate locuri. Manuscrisul găsit inițial se intitula *Învățătura Domnului transmisă neamurilor prin cei doisprezece apostoli*. Paradoxal, cei doisprezece apostoli nu sunt niciodată menționați în textele manuscrisului. Didahia este cea mai veche operă literară creștină post biblică. A fost descoperită în 1873 de mitropolitul Filotei Bryennios, într-un manuscris de la Constantinopol. Textul Didahia ce a fost publicat în 1883, tot la Constantinopol, de către același mitropolit.

n185   Ignatie al Antiohiei, cunoscut și ca Ignatie Teoforul, (circa 35/50 - 98 /117 d.Hr.), a fost un episcop al Antiohiei, martir al

Bisericii și părinte apostolic. Este sărbătorit pe 17 octombrie în calendarul romano-catolic și anglican, respectiv pe 20 decembrie în calendarul creștin-ortodox și în cel greco-catolic. În drum spre Roma a redactat o serie de scrisori, din care s-au păstrat șapte, scrisori care constituie monumente ale literaturii creștine timpurii. A fost condamnat la moarte în perioada persecuțiilor împotriva creștinilor din timpul împăratului Traian și a fost executat la Roma.

n186   Sfântul Dionisie, Episcop al Corintului, a scris in jurul anului 171.

n187   Gaius Flavius Valerius Aurelius Constantinus, (27.02.272 - 22.05.337 d.Hr.), cunoscut sub numele Constantin I sau Constantin cel Mare, a fost Împărat Roman între 306 și 337.

n188   Carol cel Mare, (742/748 - 28.01.814, Aache, d.Hr.), a fost rege al francilor din 768 până la moarte și fondator al Imperiului Carolingian. În timpul domniei sale a cucerit Italia și a fost încoronat Imperator Augustus de papa Leon al III-lea pe 25 decembrie 800. Unii istorici văd acest lucru ca pe o încercare de reinstituire a Imperiului Roman de Apus. Imperiul Carolingian a fost în Europa, într-un anumit sens, un stat rival față de Imperiul Roman de Răsărit, cu capitala la Constantinopol (denumit și Imperiul Bizantin). Carol cel Mare face parte din dinastia Carolingiană și este văzut uneori ca părintele fondator atât al Franței, cât și al Germaniei. Unii istorici îl consideră chiar părintele Europei. A fost primul conducător al unui imperiu în Europa occidentală de la prăbușirea Imperiului Roman.

n189   Ine a fost rege in Wessex, intre anii 688 – 726 d.Hr..

n190   Æthelstan, (circa 894 - 27.10.939), a fost rege al Angliei din 925 până în 939. A recucerit teritoriile pierdute în 937 și a luptat împotriva danezilor, galezilor și scoțienilor.

n191   Ethelred al II-lea cel Șovăielnic, (968 - 1016). A fost regele Angliei între 978 - 1013 și 1014 - 1016. Edgar Pacificatorul, tatăl său, a murit în anul 975, astfel la tron a ajuns fratele său Eduard al II-lea Martirul. Din cauza mai multor gafe a primit porecla de „șovăielnicul". La doi ani după ce s-a instalat pe tronul Angliei, au reînceput invaziile danezilor.

n192   Martin Luther s-a născut în Eisleben, Saxonia, la 10 noiembrie 1483. La scurt timp după nașterea lui Martin Luther familia s-a mutat în Mansfeld, unde tatăl a lucrat ca miner. Tânărul Martin a studiat la Magdeburg și Eisenach, iar apoi s-a înscris la universitatea din Erfurt. Îndrumat de tatăl său, Luther a început în 1505 să studieze dreptul, însă ulterior s-a dedicat carierei ecleziastice, devenind călugăr al ordinului augustinian. Și-a luat doctoratul în teologie în 1512 și a devenit profesor de științe biblice la prestigioasa universitate din Wittenberg. Seriozitatea cu care Luther și-a susținut vocația religioasă l-a condus la o criză personală profundă. Se întreba cum era posibil să reconcilieze cerințele legii lui Dumnezeu cu incapacitatea omului de a le urma. El a găsit răspunsul în Noul Testament: Dumnezeu, devenind om în Isus Cristos, a împăcat omenirea cu el. Omenirii i se cerea credință, nu o respectare strictă a legilor și a obligațiilor religioase. Credința trebuia să se bazeze pe dragoste, nu pe frică. În 1517 Luther a intrat în conflict cu Biserica romano-catolică. Pentru a strânge fonduri în vederea construirii Bazilicii Sf. Petru din Roma, papa Leon al X-lea a vândut credincioșilor indulgențe. Prin vânzarea de indulgențe se oferea anularea suferințelor vremelnice datorate păcatului, odată iertat prin pocăință. Luther s-a declarat împotriva acestei practici.

n193   Huldrych Zwingli, (1.01.1484 - 11.10.1531), a fost conducătorul Reformei protestante în Elveția și întemeietorul Bisericilor Reformate (de confesiune helvetică). Independent de Luther, care era doctor biblicus, Zwingli a ajuns la concluzii similare, prin studierea Scripturilor din punctul de vedere al unui cărturar umanist.

n194   John Knox, (circa 1514 - 24.11.1572), a fost un teolog scoțian care a condus mișcarea de reformă a Bisericii din Scoția pe linia calvinistă. E general văzut ca părintele Reformei protestante în Scoția și Bisericii Scoției.

n195   Iacob I (10.12.1394 - 21.02.1437), a fost rege al scoțienilor din 1406, deși a preluat puterea de-abia în 1424. După uciderea fratelui său mai mare de către unchiul lor, ducele de Albany, Iacob a fost trimis la adăpost în Franța. În timpul călătoriei, nava pe care se afla s-a scufundat, iar el a fost capturat de englezi. Tatăl său, Robert al III-lea, era bolnav și a murit la auzul veștii. Iacob, succesor la tronul Scoției, a fost ținut în Anglia din 1406 până când s-a ajuns la o înțelegere în privința răscumpărării și eliberării lui. În timpul detenției a primit o educație aleasă, fiind prezentat la Curtea lui Henric al-IV-lea și Henric al-V-lea. Între timp, Scoția a fost guvernată de ducele de Albany, urmat de fiul său Murdoch, a cărui domnie a fost marcată de neorânduieli. După ce a preluat puterea în Scoția, în 1424, domnia lui Iacob a fost fermă și adesea pe cât de brutală, pe atât de eficientă. Politica sa de reducere a puterii nobilimii și de sporire a rolului Parlamentului, la care s-a adăugat o creștere a impozitelor pentru a-și putea plăti răscumpărarea, a atras nemulțumiri. În februarie 1437 a fost asasinat la Perth de un grup de disidenți. Iacob a fost un rege cultivat și un patron al artelor. În 1423 a scris o colecție de poezii, Kingis Quair („Cartea Regelui").

n196   Graffitoul Alexamenos (graffitoul hulitor) este un graffito incizat în tencuiala peretelui unei camere, în apropierea colinei Palatine, din Roma, care se află acum in Muzeul Colinei Palatine. Poate fi cea mai timpurie reprezentare a crucificarii lui Isus, împreună cu o piatră prețioasă gravată. Imaginea pare să reprezinte un tânăr care venerează o siluetă cu cap de măgar, crucificată, cu inscripția „Alexamenos venerându-l pe Zeul sau", circa 200 d.Hr..

n197   Publius Aelius Aristides Theodorus (117 - 181 d.Hr.), a fost un scriitor și orator grec (pseudonim, Aristides Rhetor), considerat un exemplu al celei de-a doua Sofistici, un grup de oratori renumiți și influenți, care s-a format pe timpul lui Nero (58 - 64 d.Hr.) și a funcționat până în 230 d.Hr., aproximativ.

n198   Titus Flavius Clemens, cunoscut cu numele Clement al Alexandriei, (circa 150 - circa 215 d.Hr.), membru al Bisericii Ortodoxe a Alexandriei, a fost primul teolog creștin. Principalele sale opere sunt: Protrepticus („Cuvânt de îndemn către greci"), Paedagogus („Pedagogul") și Stromata („Diverse"; în limba greacă *stromata* însemnând „covoare" sau „țesături", pentru a indica varietatea argumentelor tratate).

n199	Anul Nou este ziua care marchează începerea următorului an calendaristic. Stabilirea religioasă a datei de 1 ianuarie ca început de an a avut loc pentru prima dată în 1691, de către Papa Inocenţiu al XII-lea. Înainte de această dată, Crăciunul marca începutul anului nou, în timp ce la multe popoare antice din emisfera nordică, anul începea la 1 martie.

n200	Domul din Köln (Kölner Dom), construit între anii 1248 - 1473, este un monument istoric şi de arhitectură, catedrală a Arhiepiscopiei romano-catolice de Köln, una din cele mai vechi episcopii din Germania. Patronul protector al domului este Sfântul Petru. Această catedrală este cea mai mare biserică din Germania, este considerată cea mai mare din Europa de Nord şi una dintre cele mai mari din lume. Este un important loc de pelerinaj deoarece aici se află moaştele Celor Trei Magi.

n201	Ioan Casian, (circa 360, Scythia Minor, Dobrogea de azi, pe Valea Casimcei, judeţul Constanţa - 435, Marsilia, d.Hr.), a fost unul dintre reprezentanţii cei mai de seamă ai literaturii şi monahismului apusean din secolul al IV-lea şi al V-lea, fiind cinstit ca sfânt părinte al Bisericii Universale.

n202	Wepwawet este „Deschizătorul de drumuri" (În Lumea De Apoi).

n203	Vechiul calendar egiptean avea anul de 365 zile şi era împărţit în 12 luni a câte 30 de zile fiecare, plus cinci zile suplimentare la sfârşitul anului. Lunile erau împărţite în trei săptămâni, iar o săptămână avea 10 zile. Deoarece anul egiptean era aproximativ cu un sfert de zi mai scurt decât anul solar şi evenimentele stelare nu se produceau la aceeaşi dată calendaristică, este menţionat şi ca Annus Vagus sau „An Rătăcitor". Egiptul antic a avut un calendar diferit în timpul Vechiului Regat, cu anul de 320 zile, după cum se menţionează pe Piatra de la Palermo.

n204	Maniheismul a reprezentat una dintre cele mai importante religii practicate în antichitate, în Orientul Mijlociu, în special pe teritoriul Imperiului Persan. Este o teză dualistă, propagată de filozoful persan Mani (Manes) (216 - 277 d.Hr.) care, pretinzând a fi în posesia unor revelații secrete, se considera a fi ultimul trimis, întruchiparea fizică a „Paracletului". Maniheismul susține dualismul radical ontologic între cele două principii eterne, Binele și Răul, care se opun, în cursul istoriei, într-o confruntare fără sfârșit. Organizată ca o nouă religie, "religia luminii", având cărți, cult și ierarhie, mișcarea maniheistă a fost obiectul unor represalii și persecuții. În secolul al IV-lea și al V-lea d.Hr., se răspândește în China și în Europa Occidentală.

n205   Doctor al Bisericii, denumit și Învățător al Bisericii (în latină Doctor Ecclesiae) este denumirea dată celor mai de seamă teologi creștini, unii dintre ei fiind considerați de ortodocși drept eretici. În Răsărit titlul a fost conferit de Conciliile Ecumenice („Părinte al Bisericii" sau „Sfânt Părinte"). Primii doctori ai Bisericii sunt recunoscuți atât de Biserica ortodoxă (nu ca doctori ci ca Sfinți Părinți), cât și de catolici. Biserica ortodoxă, chiar dacă nu-i denumește astfel („Doctores Ecclesiae"), îi cinstește, avându-i trecuți în calendar. Sunt 33 de doctori ai Bisericii, primul fiind Grigore cel Mare - 1298 și ultimul, Ioan Paul al II-lea - 2016.

n206   Cronografia din 354, sau Calendarul din 354, a fost un manuscris ilustrat din secolul al IV-lea, care a fost realizat în anul 354, pentru un roman creștin, bogat, Valentinus. Nu s-a păstrat niciun original. Termenul de Calendar al lui Filocalus este folosit câteodată pentru întreaga colecție si uneori doar pentru cea de-a șasea parte, care reprezintă calendarul.

n207   Augustin de Hipona (Sfântul Augustin la catolici, Sanctus Augustinus în latină, Fericitul Augustin la ortodocși, 13.11.354, Thagaste, Numidia - 28.08.430, Hippo Regius, pe teritoriul Algeriei de azi) a fost un episcop, filosof, teolog și doctor al Bisericii. În scrierile sale, utilizează argumente logice, încercând să demonstreze veridicitatea religiei creștine.

n208   Publius Vergilius Maro, Virgiliu, (15.10.70 - 21.09.19 î.Hr.), a fost un poet latin, autor al epopeii în versuri Aeneis („Eneida"), considerată epopeea națională a romanilor. Multe din datele biografice nu sunt sigure, cele mai multe informații datează din perioada antică târzie sau provin din legende ale Evului Mediu timpuriu.

n209   Saturnalia, 17 decembrie (după Calendarul Iulian) era o sărbătoare în onoarea zeului roman Saturn, ținută în Templul lui Saturn, din Forumul Roman. Mai târziu ajunge să țină până pe 23 decembrie. Cu această ocazie se ținea un banchet public, se ofereau cadouri şi era o petrecere continuă în timpul căreia normele sociale erau „răsturnate": stăpânii îşi serveau sclavii (la masă) şi erau permise jocurile de noroc.

n210   Mellitus a fost primul Episcop al Londrei (604 d.Hr.), în perioada Saxonă, cel de-al III-lea Arhiepiscop de Canterbury si un membru al delegaţiei trimisă de Papa Grigore I în vederea convertirii Anglo-saxonilor la creştinism.

n211   Carol al II-lea (29.05.1630 - 6.02.1685), a fost rege al Angliei, Scoţiei şi Irlandei de la 30.01.1649 (*de jure*) sau de la 29.05.1660 (*de facto*), până la moarte.

n212   James George Frazer, (1.01.1854 - 7.05.1941), a fost un autor, antropolog cultural şi social, teolog şi magistrat scoţian. Lucrarea sa cea mai importantă din domeniul combinat al antropologiei culturale, religioase şi sociale este Creanga de Aur (în original, *The Golden Bough*), o lucrare în 12 volume dedicată credinţelor şi practicilor religioase ale populaţiilor primitive.

n213   În mitologia egipteană, Seth este cunoscut drept fiu al lui Geb şi al lui Nut, fratele lui Isis, Nephthys şi Osiris. Seth este un zeu malefic, stăpân al deşertului, reprezentat cu trup de ogar cu coada despicată şi cu botul prelung. La început a fost considerat constructor de cetăţi, apoi zeul violenţei, răului, întunericului şi dezordinii, iar la un moment dat şi zeu al războiului. Grecii îl identificau cu Typhon.

n214   Lammas, sărbătoarea secerişului.

n215   Teoria Răscumpărării este una din doctrinele principale ale teologiei Bisericii Apusene, legată de semnificaţia şi rezultatul morţii lui Isus Cristos. Prima astfel de teorie a apărut în lucrările lui Origen. Teoria spune că moartea lui Isus a reprezentat un sacrificiu de răscumpărare, făcut lui Satan, morţii însăşi, sau chiar lui

Dumnezeu, Tatăl, drept compensare pentru robia și datoria sufletelor oamenilor, în urmă Păcatului originar.

n216   În mitologia persană, Angra Maynu, cunoscut și sub numele Ahriman este zeul întunericului, personificarea și creatorul răului, eternul distrugător al binelui. Numele „Ahriman" înseamnă „spirit diabolic". Simbolul lui este șarpele. Angra Maynu conduce grupul celor șapte zei diabolici, Daevas, contra lui Ahura Mazda și a divinităților Amesha Spentas. Angra Maynu este cel ce a cauzat multe necazuri omenirii, aducând înghețul în timpul iernii și arșița în timpul verii, abătând asupra lumii numeroase boli. El a creat înspăimântătorul dragon Azi Dahaka pentru a distruge Pământul. Angra Maynu este fratele lui Ahura Mazda, tatăl lor fiind Zurvan, zeul timpului și al spațiului infinit și indefinit.

n217   În mitologia persană, Ahura Mazda este zeul suprem, fiul lui Zurvan. El a creat Paradisul și Pământul și este cel mai mare dușman al fratelui său, maleficul zeu Angra Maynu. Este stăpânul și liderul grupului celor șapte zei buni, Amesha Spentas. Simbolul său este un disc cu aripi. Era venerat de Darius I și de succesori acestuia ca fiind cel mai mare zeu și protector al regelui drept. Zoroastru a propovăduit că Ahura Mazda a creat universul și menține ordinea cosmică, precum și că istoria lumii constă în bătălia dintre două spirite pe care acesta le-a creat, beneficiul Spenta Mainyu și distrugătorul Angra Mainyu. Avesta îl identifică pe Ahura Mazda cu însuși spiritul benefic și îl reprezintă ca fiind generos, atotștiutor și creator al tuturor lucrurilor bune. În sursele de mai târziu (secolul al III-lea), Zurvan (Timpul) este tatăl gemenilor Ormuzd (Ahura Mazda) și Ahriman (Angra Mainyu), care în mazdeismul ortodox domnesc pe rând asupra lumii, până la victoria finală a lui Ormuzd.

n218   Ekron a fost unul dintre cele cinci orașe din faimosul pentapolis filistean, situat în sud-vestul Canaanului.

www.ingramcontent.com/pod-product-compliance
Lightning Source LLC
Chambersburg PA
CBHW072133160426
43197CB00012B/2085